BEI GRIN MACHT SICH IHR WISSEN BEZAHLT

- Wir veröffentlichen Ihre Hausarbeit, Bachelor- und Masterarbeit

- Ihr eigenes eBook und Buch - weltweit in allen wichtigen Shops

- Verdienen Sie an jedem Verkauf

Jetzt bei www.GRIN.com hochladen und kostenlos publizieren

Michael Barlmeyer

Master Data Management. Nutzung in Finanzinstituten

GRIN Verlag

Bibliografische Information der Deutschen Nationalbibliothek:

Die Deutsche Bibliothek verzeichnet diese Publikation in der Deutschen National-
bibliografie; detaillierte bibliografische Daten sind im Internet über http://dnb.d-
nb.de/ abrufbar.

Impressum:

Copyright © 2013 GRIN Verlag GmbH
Druck und Bindung: Books on Demand GmbH, Norderstedt Germany
ISBN: 978-3-656-57711-9

Dieses Buch bei GRIN:

http://www.grin.com/de/e-book/265978/master-data-management-nutzung-in-
finanzinstituten

GRIN - Your knowledge has value

Der GRIN Verlag publiziert seit 1998 wissenschaftliche Arbeiten von Studenten, Hochschullehrern und anderen Akademikern als eBook und gedrucktes Buch. Die Verlagswebsite www.grin.com ist die ideale Plattform zur Veröffentlichung von Hausarbeiten, Abschlussarbeiten, wissenschaftlichen Aufsätzen, Dissertationen und Fachbüchern.

Besuchen Sie uns im Internet:

http://www.grin.com/

http://www.facebook.com/grincom

http://www.twitter.com/grin_com

Bachelor-Thesis

im Studiengang
Bachelor in Betriebswirtschaft

an der
Frankfurt School
of Finance and Management

zum Thema

Master Data Management
- Nutzung in Finanzinstituten -

zur Erlangung des

Bachelor of Science

Autor   Michael Barlmeyer

Eingereicht am   15. November 2013

Hochschule   Frankfurt School of Finance and Management

Inhaltsverzeichnis

Abbildungsverzeichnis

Tabellenverzeichnis

Abkürzungsverzeichnis

BI	- Business Intelligent
bzw.	- beziehungsweise
CMS	- Content Management System
CRM	- Customer Relationship Management
DGIQ	- Deutsche Gesellschaft für Informations- und Datenqualität
DWH	- Datawarehouse
Ent.	- Enterprise
ERP	- Enterprise Resource Planning
GRC	- Governance, Risk and Compliance
MDM	- Master Data Management
M&A	- Fusion und Übernahmen
SCM	- Supply Chain Management
SPoT	- Single Point of Truth
z. B.	- zum Beispiel

1 Einführung

1.1 Motivation

Der Autor beschäftigt sich in seinem beruflichen Umfeld vermehrt mit Daten im Allgemeinen und mit ihrer Nutzung und Auswertung im Speziellen. Dabei sind häufiger Unstimmigkeiten bei Datenformaten oder der Bezeichnung von Daten aufgefallen. Auch die Interpretation der Daten und die Sichtweise auf die Daten über verschiedene Geschäftsbereiche hinweg können unterschiedlich sein. Insbesondere wenn Schnittstellen zu anderen Finanzinstituten existieren, kann es zu Diskrepanzen kommen.

Diese Unterschiede in der Semantik und der Interpretation der Daten sind für Finanzinstitute und ihre Kunden relevant. Beispielsweise kann eine andere Klassifizierung von Finanzanlagen Änderungen in der Risikoeinschätzung nach sich ziehen und damit eine andere Eigenkapitalunterlegung erfordern.

Für Finanzinstitute, ihre Kunden und Compliance werden Auswertungen der Daten immer wichtiger. Daher muss die Verlässlichkeit der Daten und ihr effektiver Einsatz in Prozessen verbessert werden.

Ziel dieser Arbeit ist es, die verschiedenen Aspekte für das Master Data Management (im Folgenden abgekürzt als MDM, deutsches Synonym: Stammdatenverwaltung) zu beleuchten und ihre Anwendbarkeit auf und Bedeutung für Finanzinstitute darzustellen.
Die gewonnen Erkenntnisse sollen in einem bald anstehenden Projekt des Autors Anwendung finden.

1.2 Aufbau

Die Arbeit beginnt mit der Definition, was Stammdaten sind, und gliedert die verschiedenen Begrifflichkeiten für Stammdaten. Danach wird das MDM genauer umrissen, insbesondere welche Gründe es für die Einführung eines MDM geben kann.

Im vierten Abschnitt werden die Strukturen analysiert, die bei der Einführung und Nutzung eines MDM von besonderer Bedeutung sind. Daraus abgeleitet werden Anforderungen, die an ein MDM, die Datenqualität und die handelnden Personen gestellt werden.

Im sechsten Abschnitt folgt eine Beschreibung von verschiedenen Einflussbereichen, die bei der Einführung eines MDM genauer betrachtet werden müssen.

Abschließend werden im letzten Abschnitt die gewonnen Erkenntnisse in Bezug auf Stammdaten, Ziele und Dimensionen des MDM auf Finanzinstitute angewendet.

2 Stammdaten

2.1 Eigenschaften von Stammdaten

Eine eindeutige und konkrete Definition, welche Daten Stammdaten sind, und welchen Zweck sie verfolgen, ist in der Literatur nicht vorhanden. Es ist vielmehr vom Kontext der Nutzung abhängig, welche Daten als Stammdaten angesehen werden. Stammdaten sind aber immer *„offiziell"* und *„grundlegend"*.

Ein Stammdatenobjekt wird zum einen *„offiziell"* durch eine unternehmensweit einheitliche und ordentlich definierte Semantik und zum anderen durch ein gemeinsames Verständnis über die Qualität der Stammdaten. *„Offiziell"* meint in diesem Sinne allgemeingültig für alle Beteiligten[1].

Grundlegend sind Stammdatenobjekte dann, wenn sie im gesamten Unternehmen und für den gesamten Wertschöpfungsprozess konsistent verwendet werden und dadurch die Grundlage für alle Prozesse bilden.

Stammdaten sind also *„offizielle und grundlegende Geschäftsobjekte im Unternehmen, die in den wertschöpfenden Prozessen verwendet werden."*

(Schemm, 2009 S. 29)

Geprüft wird dies anhand der folgenden vier Eigenschaften für den Wert[2] der Stammdaten:

Stabilität	-	Die Daten haben einen langen Lebenszyklus.
Unabhängigkeit	-	Stammdaten sind nicht von anderen Daten abhängig[3].
Konstanz	-	Inhaltlich werden die Daten nur selten geändert. Sie bleiben aber nicht auf Dauer konstant[4].
Relevanz	-	Stammdaten sind im gesamten Unternehmen relevant und nicht nur in einzelnen Bereichen.

Anhand der vier genannten Eigenschaften können Stammdaten identifiziert werden. Dabei wird für jedes potenzielle Stammdatenobjekt geprüft, ob es alle Eigenschaften aufweist. Naturgemäß kann das gleiche Datenobjekt für ein Unternehmen ein Stammdatenobjekt sein, für ein anderes aber nicht. Dies ist vor allem bei Unternehmen aus unterschiedlichen Branchen der Fall.

---

[1] [vgl. auch im Folgenden (Schemm, 2009 S. 30ff.)]

[2] Der Wert des Stammdatenattributs Ort ist beispielsweise Frankfurt

[3] Beispiel: Ein Kunde kann ohne eine Bestellung existieren aber die Bestellung nicht ohne den Kunden.

[4] Die Adresse zählt i. d. R. zu den Stammdaten. Sie kann sich aber im Laufe der Zeit durchaus ändern.

2.2   Struktur von Stammdaten in der Datenmodellierung

Stammdaten werden in vier Bereiche eingeteilt. Eine Stammdatendomäne ist die höchste Ebene für die Aggregation von Stammdaten. Sie gruppiert Stammdatenobjekte bzw. Hierarchien von Stammdatenobjekten. Ein Stammdatenobjekt wird wiederum durch verschiedene Stammdatensegmente definiert. Ein Stammdatensegment gruppiert dabei logisch und semantisch zusammenhängende Stammdatenattribute[5].

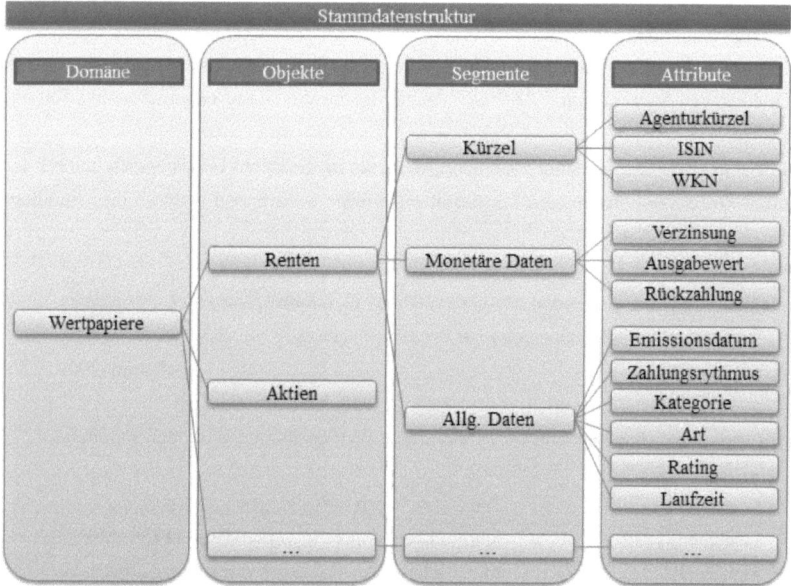

Abbildung 1 - Stammdatenstruktur bei Wertpapieren   Quelle: Scheuch, et al., 2012 S. 32

In Abbildung 1 wird exemplarisch die Struktur von Stammdaten am Beispiel von Wertpapieren dargestellt.

2.3   Abgrenzung von Stammdaten zu anderen Datenarten

Im Gegensatz zu Stammdaten sind Bewegungsdaten abwicklungsorientiert. Sie entstehen durch im Unternehmen ausgelöste Vorgänge und haben einen eindeutigen Zeitbezug. Ihre Aktualität ist daher stark begrenzt[6].

---

[5] [vgl. (Schemm, 2009 S. 32ff.)]

[6] [vgl. (Schmidt, 2010 S. 18)]

Bestandsdaten sind eine Untergruppe der Bewegungsdaten und zeigen die Werte und Mengen der Bestände. Sie sind daher zustandsorientiert. Transaktionen des Unternehmens führen zu Bewegungsdaten, die die Bestände verändern. Änderungsdaten zählen zu den Bewegungsdaten, ändern aber nur den Datenwert von Stammdaten[7].

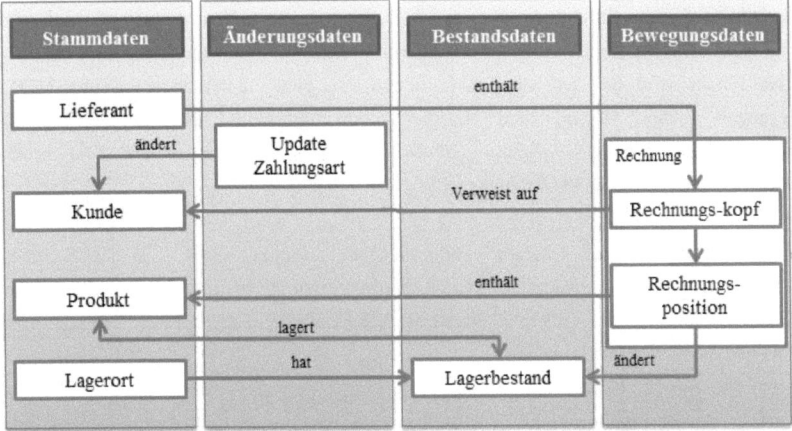

Abbildung 2 - Arten von Daten   Quelle: Schmidt, 2010 S. 18

---

[7] [vgl. (Scheuch, et al., 2012 S. 32)]

3 Master Data Management

3.1 Definition

Wie für Stammdaten gibt es auch für das MDM verschiedene Definitionen, je nach Sichtweise des Betrachters. In der Literatur ist das MDM oft ein wertschöpfender Begriff[8]. Es soll also die Wertschöpfung des Unternehmens verbessern. Da das MDM aber keinen „unmittelbaren Nutzen für externe Kunden"[9] hat, nimmt es nur eine unterstützende Rolle für Geschäftsprozesse ein und ist daher ein sekundärer Prozess im Sinne von Porter[10].

Darüber hinaus wird bei fast allen Definitionen von einem unternehmensweiten MDM ausgegangen. Alex Berson und Larry Dubov schreiben explizit von einem unternehmensweiten MDM[11]. Schemm geht noch einen Schritt darüber hinaus und beschreibt unternehmensübergreifende MDM Ansätze[12].

Scheuch gibt den in der Literatur vorherrschende Meinung, dass das MDM einen wertschöpfenden Beitrag leistet, eine Bedingung, indem er die Sicherstellung der Stammdatenqualität in den Aufgabenbereich des MDM gibt. Nur unter dieser Bedingung ist für ihn eine Wertschöpfung gegeben.

Wir rechnen der Stammdatenqualität, insbesondere im Zusammenhang mit einem MDM, eine große Bedeutung zu, daher definieren wir MDM analog zu Scheuch.

„MDM ist das Management zur Sicherstellung der Qualität der Stammdaten und verfolgt den Zweck, die Eignung der Stammdatenobjekte bei Verwendung in allen wertschöpfenden Prozessen des Unternehmens sicherzustellen."

(Scheuch, et al., 2012 S. 28)

3.2 Ziele des Master Data Managements

Das MDM ist laut Definition ein (sekundärer) Prozess, der die eigentlichen Geschäftsprozesse unterstützt. Dementsprechend müssen die Ziele des MDM auch im Einklang mit den allgemeinen Zielen und Prozessen des Unternehmens stehen. Daher sind Ziele und Zweck des MDM auf die Situation und die Strategie des Unternehmens bezogen.

Ziele, die für alle Branchen von Bedeutung sind und sich in verschiedener Gewichtung überall wiederfinden, haben verschiedene Studien herausgearbeitet.

---

[8] [vgl. (IBM, et al., 2008) (Loshin, 2009) (Otto, 2009)]

[9] [vgl. (Schmelzer, et al., 2010 S. 78)]

[10] [vgl. (Porter, 1999) (Scheuch, et al., 2012 S. 28)]

[11] [vgl. (Berson, et al., 2011 p. 13)]

[12] [vgl. (Schemm, 2009)]

In einer Umfrage von Gartner vor dem MDM-Summit 2011 in London[13] ergaben sich vier wesentliche Ziele[14], die die 234 befragten Unternehmen teilten. Diese waren:

- Eine Kostenreduktion durch Steigerung der Effizienz (ca. 50%)
- Verbesserungen in der Entscheidungsfindung (ca. 40%)
- Verbesserungen bei den GRC[15]-Ansätzen (ca. 25%)
- Eine Verbesserung der Kundenbeziehung (ca. 20%)

Bestätigt werden die Ergebnisse durch eine Studie von Price Waterhouse Coopers[16]. Dort gaben die 49 befragten Unternehmen Verbesserungen in der Entscheidungsfindung [17](71%), gutes Management (69%) und optimierte Prozesse (60%) als Ziele für ein MDM-Vorhaben an.

Auch das Product and Master Data Management Centre kommt in seiner Studie[18] zu ähnlichen Ergebnissen. Die 21 befragten Unternehmen gaben als vorwiegende Ziele die Verbesserung der Prozesse, die Unterstützung analytischer Systeme, die Harmonisierung der Organisationseinheiten und die Verbesserung der Datentransparenz an.

In Tabelle 1 sind die vier wesentlichen Ziele eines MDM, die sich aus den Resultaten der Studien ergeben, mit konkreten Beispielen dargestellt. Diese werden nachfolgend kurz erläutert[19].

---

[13] [vgl. (Radcliffe, et al., 2011 S. 16)]

[14] Mehrfachnennungen waren möglich

[15] GRC - Governance, Risk and Compliance. Es beschreibt den notwendigen Rahmen regulatorischer Anforderungen und die organisatorischen Folgen innerhalb des Unternehmens.

[16] [vgl. (Price Waterhouse Coopers, 2011 S. 18)]

[17] In der Studie als "revised Governance" bezeichnet; auch in dieser Studie waren Mehrfachnennungen möglich.

[18] [vgl. (Weiss, 2010)]

[19] [vgl. (Scheuch, et al., 2012 S. 23ff.)]

Effizienz	Compliance	Flexibilität	Effektivität
Erhöhung der operativen Exzellenz	Sicherung der RGC-Anforderungen	Steigerung der Adaptionsfähigkeit	Verbesserung der Entscheidungen
Beispiele:			
Senkung der IT-Kosten	Verbessertes Risikomanagement	Erschließung neuer Märkte	Schnellere Reaktionsfähigkeit
Senkung der Prozesskosten	Sicherung der Compliance	Verbessere Integrationsfähigkeit (M&A)	Verbesserte Informationsqualität

Tabelle 1 - Ziele des MDM

Quelle: Scheuch, et al., 2012 S. 23

3.2.1 Effizienz

Die Erhöhung der Effizienz richtet sich im Wesentlichen auf eine Verbesserung der Geschäftsprozesse und IT-Strukturen, da diese eine Senkung der Kosten ermöglichen. Dabei lassen sich generell größere Optimierungen in den operativen Prozessen als in IT-Bereichen erreichen[20].

Beispiele für die Steigerung der Effizienz sind die Standardisierung wiederkehrender Aufgaben (IT-Bereich) oder die Reduktion der Fehlerrate durch Plausibilitätsprüfungen (operativer Bereich).

3.2.2 Compliance

Sowohl der Gesetzgeber als auch Interessenverbände sorgen dafür, dass die GRC-Anforderungen, z. B. Basel III oder Solvency II, stetig mehr werden.

Um diese zu erfüllen, muss ein Unternehmen in der Lage sein, die benötigten Daten vollständig, korrekt und zeitnah an die jeweiligen Behörden oder regulatorischen Stellen zu liefern. Zumeist basieren diese Daten auf den Stammdaten. Somit stellt das MDM Maßnahmen bereit, um die notwendigen Informationen in entsprechender Datenqualität zu sichern und dafür zu sorgen, dass die richtigen Daten an die richtigen Empfänger geliefert werden. Der letzte Punkt ist nicht zu unterschätzen, da die Unternehmen ein natürliches Interesse daran haben, so wenig Daten wie möglich und nur so viele wie nötig nach außen zu geben[21].

3.2.3 Flexibilität

Das MDM kann ein Unternehmen in verschiedenen Situationen reaktionsschneller und adaptionsfähiger machen. Beispielsweise verbessert sich der zwischenbetriebliche

---

[20] [vgl. (Scheuch, et al., 2012 S. 24f.)]

[21] [vgl. auch im Folgenden (Scheuch, et al., 2012 S. 24)]

Stammdatenaustausch, wenn nur ein Abgleich mit den Daten des fremden Unternehmens nötig ist und ein zusätzlicher interner Abgleich entfällt. Insbesondere bei Unternehmensübernahmen und Zusammenschlüssen von Unternehmen (M&A) vereinfacht ein durch MDM harmonisierter Datenbestand bei den beteiligten Unternehmen die Analyse von Synergien, z.b. bei dem Abgleich der Geschäftspartner (Kunden und Lieferanten) oder der Konsolidierung von Kreditoren und Debitoren.

3.2.4 Effektivität

Die verbesserte Effektivität, die durch das MDM erreicht wird, bezieht sich in erster Linie auf die Entscheidungsgrundlagen. Durch die optimierte Qualität der Stammdaten und ihre schnellere Bereitstellung erhöht sich die Verlässlichkeit der Datenbasis, die für eine Entscheidungsfindung herangezogen wird. Ein Beispiel ist eine schnellere Reaktion auf Marktveränderungen.

3.3 Einordnung in die Systemlandschaft

Wie unter 3.1 definiert, handelt es sich bei einem MDM-Vorhaben nicht nur um eine Initiative, die in einem Anwendungssystem mündet und so direkt einen Beitrag zur Wertsteigerung leistet, sondern um eine Initiative, die die Stammdaten eines Unternehmens über diverse Anwendungssysteme hinweg harmonisiert und vereinheitlicht und so mittelbar in vielen Bereichen einen Beitrag zur Wertschöpfung leistet.

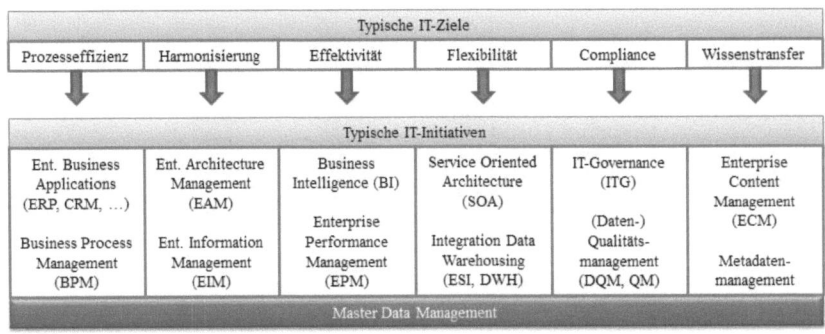

Abbildung 3 - Vom MDM berührte IT-Anwendungen   Quelle: Scheuch, et al., 2012 S. 43

Wie Abbildung 3 zeigt, hat das MDM einen großen Einfluss auf die gesamte Systemlandschaft, daher muss es im Hinblick auf organisatorische und technische Rahmenbedingungen eine Abstimmung mit allen weiteren Vorhaben in der IT geben. Nur so können Ineffizienzen vermieden bzw. abgebaut werden und Synergien zwischen den Anwendungen gehoben werden[22].

---

[22] [vgl. (Scheuch, et al., 2012 S. 42f.)]

Anwendung	MDM-Beitrag
Business Process Management (BPM)	Liefert Stammdatenobjekte für Geschäftsprozesse
Enterprise Business Applications (ERP, CRM, ...)	Liefert verlässliche Stammdaten und IT-Komponenten zur Pflege und Validierung
Enterprise Architecture Management (EAM)	Stellt Metadaten, Stammdatenmodelle und Strukturen
Enterprise Information Management (EIM)	Stellt Metadaten, Stammdatenmodelle, Strukturen und Informationsflüsse
Business Intelligence (BI)	Liefert über Stammdaten verlässliche Dimensionen
Enterprise Performance Management (EPM)	MDM profitiert vom Planungssystem im EPM und liefert mittelbar Kennzahlen für das Process Performance Management
Service Oriented Architecture (SOA)	Stellt IT-Komponenten zum Lesen und Bearbeiten von Stammdaten
Data Warehousing (DWH)	MDM ist die Vorstufe zur Befüllung von DWH und entlastet es bei der Bereinigung und Normierung im ETL[23]-Prozess
IT-Governance	Liefert Auswertungen und IT-Komponenten zur Stammdatenidentifikation und deren Historie (Lebenszyklus)
Qualitätsmanagement	Stellt die Stammdatenqualität sicher
Enterprise Content Management (ECM)	Liefert IT-Komponenten zur Identifikation von Stammdaten und ihren Merkmalsausprägungen
Metadatenmanagement	Stellt das Metadatenmodell für Stammdatenobjekte und ihre Merkmalsausprägungen

Tabelle 2 - Beitrag des MDM

Quelle: Scheuch, et al., 2012 S. 43 ff.

Das MDM darf daher auch nicht als eigenständige Initiative gesehen werden, sondern muss bei allen bestehenden Initiativen der IT mitbedacht werden.

In Tabelle 2 wird kurz erläutert, wie das MDM die unterschiedlichen Anwendungen im Unternehmen unterstützt.

---

[23] ETL- Extract, Transform, Load

4 Ordnungsrahmen für das Master Data Management

Gemäß der genannten Definition erfolgt die Implementierung eines MDM immer in einem unternehmensweiten Kontext, bzw. in ersten Schritten zumindest bereichsweit, um die Komplexität der Implementierung zu verringern.

Der Ordnungsrahmen für das Master Data Management dient der Strukturierung und besseren Verständlichkeit von komplexen Sachverhalten. Er wird auf einem sehr hohen Abstraktionsniveau vereinfacht dargestellt und dient damit auch zur vereinfachten Kommunikation und als Markenzeichen von Modellen[24].

Der hier genutzte Ordnungsrahmen basiert auf dem *Business Engineering* Ansatz, welcher vom Institut für Wirtschaftsinformatik der Universität St. Gallen entwickelt wurde. Er dient der Gestaltung von Geschäftstransformationen, bei denen der strategische Einsatz von IT-Systemen wesentlich ist[25]. Der Ansatz gliedert sich dabei in die Ebenen Strategie, Organisation und Architektur. Die Ausgestaltung aller drei Bereiche ist für eine erfolgreiche Geschäftstransaktion notwendig[26]. Für die Umsetzung eines MDM erweitert Scheuch den Ordnungsrahmen, in Anlehnung an Schemm[27], um eine vierte Ebene, den Bereich der Stammdatenmodelle (MDM-Daten), da bei einem MDM-Vorhaben die Stammdaten in allen Ebenen des Ordnungsrahmens von Bedeutung sind.

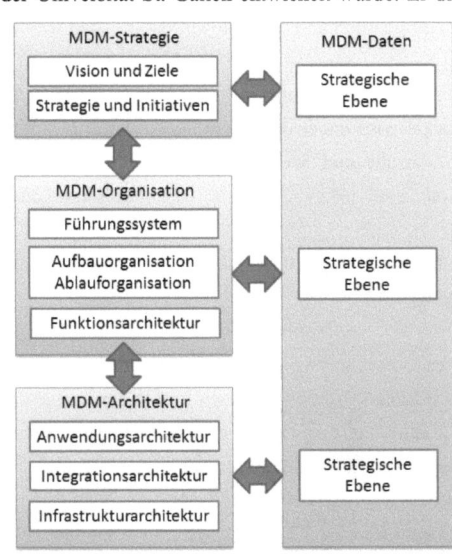

Quelle: Scheuch, et al., 2012 S. 38

Abbildung 4 - MDM-Ordnungsrahmen

Da sich der Ordnungsrahmen im Wesentlichen auf den von Scheuch bezieht, lehnen sich auch die Ausführungen in diesem Kapitel stark an die von Scheuch an[28].

---

[24] [vgl (Meise, 2001 S. 61ff.) (Becker, et al., 2002 S. 95f.) (vom Broke, 2003 S. 128ff.)]

[25] [vgl. (Österle, et al., 2003 S. 11ff.)]

[26] [vgl. (Otto, 2009 S. 14)]

[27] [vgl. (Schemm, 2009 S. 79)]

[28] [vgl. (Scheuch, et al., 2012 S. 37ff.)]

4.1 Vision / Strategie

Wie zuvor beschrieben gehen mit der Implementierung eines MDM immer auch Geschäftstransformationen einher, daher sind MDM-Initiativen in der Regel mittel- bis langfristig angelegt.

Um eine angemessene Steuerung und Kommunikation des Vorhabens zu gewährleisten, wird zunächst ein Leitbild (Vision) für das MDM entwickelt. Das Leitbild dient der Formulierung der langfristigen Ziele, der Erklärung des Zwecks und der Motivation für die nötigen Änderungen. Darüber hinaus werden durch das Leitbild auch Leitlinien für ein angemessenes Handeln innerhalb des Vorhabens gegeben.

Zur Erreichung eines möglichst hohen Grades an Akzeptanz innerhalb des Unternehmens darf das Leitbild des MDM nicht im Gegensatz zu bestehenden Unternehmenszielen stehen und muss durch alle Interessengruppen mitgetragen werden[29].

In einem zweiten Schritt wird die Vision operationalisiert und eine Strategie abgeleitet. Die Strategie wird dabei im Wesentlichen durch Initiativen des MDM formuliert und reflektiert die Wünsche und Wertvorstellungen der Entscheidungsträger. Zusammen beschreiben die Vision und die Strategie die Erwartungen an einen zukünftigen Zustand[30].

Im dritten Schritt werden die Meilensteine und der Plan für die praktische Umsetzung festgelegt.

Da die Umsetzung von größeren Maßnahmen in einem Unternehmen immer mit Konflikten, Missverständnissen und anderen Problemen verbunden ist - so auch ein MDM-Vorhaben - ist die Etablierung eines Leitungsgremiums zur Klärung und Abstimmung - auch mit anderen strategischen Maßnahmen - dringend zu empfehlen[31].

Außerdem ist auch der Aufbau eines entsprechenden Kennzahlensystems vorteilhaft, um den Fortschritt und die Einhaltung von Strategie und Vorgaben zu überwachen und im späteren Geschäftsverlauf - nach der eigentlichen Einführung - die Effizienz des MDM zu kontrollieren.

4.2 Organisation

Durch die grundlegende Eigenschaft des MDM, sich in der Regel auf einen unternehmensweiten Kontext zu berufen, gibt es keinen Bereich im Unternehmen, der nicht vom MDM berührt wird. Dementsprechend ist es unausweichlich, Prozesse, Tätigkeiten, Funktionen und Strukturen des MDM über alle vorhandenen Geschäftsbereiche hinweg zu

---

[29] [vgl. (Müller-Stewens, et al., 2005 S. 235) (Scheuch, et al., 2012 S. 38f)]

[30] [vgl. (Scheuch, et al., 2012 S. 38)]

[31] [vgl. (Scheuch, et al., 2012 S. 39)]

koordinieren. Das heißt, in der Ablauf- und Aufbauorganisation der operativen Bereiche werden Anpassungen nötig, um einen dauerhaften Erfolg des MDM sicherzustellen. Darüber hinaus benötigt das MDM ein eigenes Führungssystem und eine eigene Ablauf- und Aufbauorganisation. Die Anforderungen für beide Organisationsstrukturen basieren auf den Anforderungen an das MDM, welche in der Funktionsarchitektur beschrieben sind. Dabei werden die fachlichen Anforderungen, die das MDM stellt, durch die Funktionsarchitektur strukturiert und als Basis für die Planung benötigter Prozesse und IT-Komponenten des MDM sowie für Architekturentscheidungen herangezogen. Die Funktionsarchitektur beinhaltet auch die Funktionsbeschreibung der MDM-Aktivitäten und mögliche Auswirkungen dieser auf die Organisation[32].

Die zentrale Aufgabe eines Führungssystems beinhaltet die Steigerung von Effektivität und Effizienz[33]. Dabei übernimmt das Führungssystem die Aufgabe, die Ausgangssituation des Unternehmens vor der Implementierung des MDM zu ermitteln, sowie die MDM-Strategie zu operationalisieren. Weiter ist es die Aufgabe des Führungssystems, die Organisation des MDM mit ihren notwendigen Rollen, Strukturen, Prozessen und Verantwortlichkeiten inkl. der Auswirkungen auf operative und MDM-spezifische Prozesse zu beschreiben, sowie diesen die passenden Kennzahlen zuzuordnen, um eine angemessene Kontrolle zu ermöglichen[34]. Die reine Orientierung der Kennzahlen an Größen für Kosten und Einnahmen, wie es bisher meist üblich war, ist dabei nicht zielführend[35]. Mögliche Ansätze für nicht-monetäre Kennzahlensysteme liefern Klingebiel und Gleich[36].

Die Vorgaben und Standards für die Handhabung der Stammdaten müssen sowohl in die operativen Arbeitsabläufe des Unternehmens als auch in die administrativen Prozesse für das MDM eingearbeitet werden, um die Funktionsfähigkeit des MDM zu gewährleisten und Verbesserungen zu ermöglichen.
Mitarbeiter werden entweder in ihrer Linienfunktion oder einer fachlichen Berichtslinie eingebunden - gemäß ihrer Rolle in den Prozessen in der Aufbau- und Ablauforganisation des MDM[37].

4.3 Systemarchitektur
Eine Geschäftstransformation ist immer mit entsprechenden Kosten für ein Unternehmen verbunden, die oft auch eine nicht unerhebliche Größenordnung erreichen kann.

---

[32] [vgl. (Scheuch, et al., 2012 S. 39f)]

[33] [vgl. (Hess, 1996 S. 115)]

[34] [vgl. (Scheuch, et al., 2012 S. 39)]

[35] [vgl. (Schemm, 2009 S. 86)]

[36] [vgl. (Klingebiel, 1999 S. 22ff.) (Gleich, 2001 S. 11ff.)]

[37] [vgl. (Scheuch, et al., 2012 S. 40)]

Auch eine Geschäftstransformation in Folge eines MDM-Vorhabens ist, aufgrund seiner unternehmensweiten Ausrichtung, mit entsprechenden Kosten verbunden. Um die operativen Kosten in einem vertretbaren Rahmen zu halten, müssen die Prozesse durch die IT-Systeme unterstützt werden. Berührt sind davon nicht nur manuell unterstützte Prozesse des MDM, sondern auch automatisierte Abläufe der Datenaufbereitung und -verteilung. Voraussetzung für diese Unterstützung ist eine klare Systemarchitektur[38].

Nach den Enterprise-Achitecture-Ansätzen Stählers[39] gibt es vier Vorgaben, die seitens der IT notwendig sind, um ein MDM-Vorhaben umzusetzen:

- Ein IT-Bebauungsplan für das MDM-Vorhaben mit dem Schwerpunkt auf der Infrastruktur
- Eine Landkarte der Stammdaten mit den Datenmodellen und der Datenhaltung
- Eine Übersicht der Datenflüsse und den benötigten Transformationen
- Eine Prozesslandkarte der für das MDM-Vorhaben relevanten Prozesse und der benötigten IT-Anwendungssysteme

Daher ist nicht nur die Anwendungsarchitektur von einem MDM-Vorhaben betroffen, sondern auch die grundlegende Systemarchitektur und unterstützende IT-Komponenten. Die gesamte vom MDM-Vorhaben betroffene IT-Infrastruktur wie die Datenhaltung (inkl. Datenquellen) und Systeme zu Implementierung der Stammdatenlogistik oder Anwendungssysteme werden hinsichtlich ihrer Funktionalitäten überprüft und entsprechend erweitert oder verändert, um den Anforderungen des MDM-Vorhabens zu entsprechen[40].

4.4 Daten (Datenobjekte, Modelle)

Der vierte Bereich des Ordnungsrahmens beschäftigt sich mit der Datenarchitektur. Die Stammdatenobjekte, Assoziationen und deren Attribute werden durch die Datenarchitektur beschrieben.

Die herausragende Bedeutung der Daten und Metadaten im MDM machen es erforderlich, diesen einen gesonderten Gestaltungsbereich im Ordnungsrahmen zu gewähren[41]. Die Datenarchitektur unterstützt in erster Linie die Ebenen Strategie, Organisation und Architektur, wofür ein ebenenübergreifendes Informationsmodell, wie auf Seite 11 in Abbildung 4, aufgebaut wird[42].

---

[38] [vgl. (Scheuch, et al., 2012 S. 41)]

[39] [vgl. (Stähler, et al., 2009)]

[40] [vgl. (Scheuch, et al., 2012 S. 41)]

[41] [vgl. (Schemm, 2009 S. 79)]

[42] [vgl. auch im Folgenden (Scheuch, et al., 2012 S. 42)]

In der strategischen Ebene werden alle für das MDM in Betracht kommenden Stammdatenobjekte und Stammdatendomänen zur späteren Prüfung definiert.

Auf der Ebene der Organisation werden die organisatorischen Zusammenhänge durch dieses Informationsmodell beschrieben. Es werden alle Abhängigkeiten erfasst, die durch die Nutzung von Stammdatenobjekten und ihren Attributen in operativen Prozessen entstehen. Darüber hinaus ist es Aufgabe der Organisationsebene, Regeln zur Validierung und Qualitätskriterien im Informationsmodell festzulegen und organisatorische Verantwortlichkeit und Zuständigkeit zu bestimmen.

Auf der Ebene der Systemarchitektur werden die physischen Datenmodelle, die den Stammdatenobjekten zugrunde liegen, durch das Informationsmodell beschrieben. Außerdem werden die Datentransformations- und -verteilungsprozesse beschrieben.

5 Anforderung

5.1 Anforderungen an das MDM

Die Anforderungen an das MDM ergeben sich aus der Definition des MDM als:

1. Management zur Sicherung der Stammdatenqualität
2. Management zur Sicherstellung der Verwendbarkeit der Stammdatenobjekte in allen wertschöpfenden Prozessen des Unternehmens
3. Management zur Pflege und Verwaltung der Stammdaten

Daraus resultieren zwei Objekte, die entsprechende qualitative Anforderungen erfüllen müssen:

- Die Datenqualität, die Anforderungen an den Werterhalt und die Wertsteigerung der Daten erfüllen muss.
- Die Qualität der handelnden Personen[43], die die Daten verwalten und in den Prozessen zur Wertsteigerung nutzen.

Das MDM benötigt ein Controlling, welches den Nutzen der Datenqualität des MDM analysiert und nachweist. Entsprechende Kennzahlen können dem MDM dabei behilflich sein, seinen Beitrag zur Wertschöpfung zu belegen. Damit kann das MDM an Glaubwürdigkeit gewinnen und seine Anwender von seinem Nutzen überzeugen.

Darüber hinaus müssen die handelnden Personen – sofern es sich um Systeme handelt - durch entsprechende Kennzahlen oder Kontrollmechanismen auf ihre Qualität geprüft werden. Wenn es sich bei den handelnden Personen um natürliche Personen handelt, müssen diese geschult werden. Dadurch können sie bei abnehmender Datenqualität gegensteuern bzw. eine Abnahme der Datenqualität bereits im Vorfeld verhindern.

5.2 Anforderungen an die Datenqualität

Der Datenqualität kommt bei einem MDM-Vorhaben immer eine herausragende Bedeutung zu, da sie das Kernelement des MDM-Vorhabens darstellt. Ohne eine entsprechende Datenqualität ist eine sinnvolle Bereitstellung von Stammdaten nur schwer vorstellbar.

Um entsprechende Datenqualitätskriterien für das MDM zur ermitteln, wird das Modell und die Taxonomie der deutschen Gesellschaft für Informations- und Datenqualität (DGIQ)[44] genutzt. Von der DGIQ wird die Datenqualität in System, Nutzung, Inhalt und Darstellung eingeteilt.

---

[43] Handelende Personen sind im Sinne dieser Arbeit sowohl natürliche Personen, als auch Systeme.

[44] [vgl. (DGIQ, 2007)]

Diese vier Kategorien werden, wie aus Abbildung 5 ersichtlich, wiederum in 15 verschiedenen sogenannte Dimensionen eingeteilt.

Abbildung 5 - IQ-Definition   Quelle: DGIQ, IQ-Definition, 2007

Um die Anforderungen der einzelnen Kategorien für das MDM besser verstehen zu können, werden die vier Kernkategorien nachfolgend beschrieben.

5.2.1 System

Nach DGIQ muss das System drei Anforderungen erfüllen. Anwender müssen Informationen möglichst einfach abrufen können und ebenso einfach nutzen können. Weiter muss eine leichte Bearbeitung der Informationen möglich sein[45].

Für ein MDM existieren zwei Möglichkeiten dies umzusetzen[46]. Entweder die MDM-Lösung selber stellt ein entsprechend einfaches, IT-gestütztes Verfahren zur Suche, Bearbeitung und Pflege der Stammdaten bereit. Dies geschieht meist durch MDM-spezifische Anwendungssysteme. Oder der MDM-Lösung gelingt es, bereits vorhandene Anwendungen für die Suche, Bearbeitung und Pflege der Stammdaten in die entsprechenden Prozesse zu integrieren.

In erster Linie muss die bereitgestellte Lösung die Kontrolle der Stammdaten ermöglichen und die Konsistenz der Daten und deren Qualität gewährleisten.

5.2.2 Inhalt

Insbesondere am Beginn des Lebenszyklus muss das MDM zeigen, dass die Datenqualität allen Ansprüchen genügt. Später sollte eine hohe Glaubwürdigkeit und Akzeptanz der MDM-Daten vorhanden sein, da alle weiteren Prozesse sich auf die MDM-Daten stützen müssen.

---

[45] [vgl. (DGIQ, 2007 S. 9)]

[46] [vgl. (Scheuch, et al., 2012 S. 53)]

Die Stammdaten sollten also möglichst realitätsnah sein[47]. Da Stammdaten oft als wertneutral[48] angesehen werden, ist der Aspekt der Objektivität sekundär[49].

Der DGIQ gibt dem MDM eine hohe Glaubwürdigkeit, *„wenn [die] Informationsquelle, das Transportmedium und das verarbeitende System im Ruf einer hohen Vertrauenswürdigkeit und Kompetenz"* stehen.

(DGIQ, 2007 S. 14)

5.2.3 Darstellung

Die Darstellung muss gemäß DGIQ vier Dimensionen beachten. Das sind die eindeutige Auslegbarkeit, die einheitliche Darstellung, die Übersichtlichkeit und die Verständlichkeit der Daten.

Das MDM muss eine eindeutige Auslegbarkeit gewährleisten, wenn die Semantik, die vereinbarten Regeln für die Bearbeitung und die Verteilung der Stammdaten eindeutig definiert sind[50].
Darüber hinaus muss das MDM auch sicherstellen, dass die vereinbarten Regeln eingehalten werden. Das MDM ermöglicht dies durch die jederzeitige Transparenz der Semantik und des Regelwerks, so dass die Stammdaten nur so ausgelegt werden können wie vereinbart. Weitere Instrumente sind das Metadatenmanagement sowie ein Terminologiemanagement für zentrale Fachbegriffe und spezifische Governance-Prozesse.
Die Governance-Prozesse werden benötigt, um auftretende Unstimmigkeiten - beispielsweise bei der Terminologie - beizulegen.
Die einheitliche Darstellung[51] der Stammdaten in allen Systemen ist in der Realität nicht sehr ausgeprägt. Dies liegt vor allem daran, dass die verschiedenen Systeme unterschiedliche, inhaltliche Schwerpunkte haben und insbesondere die Verständlichkeit und Übersichtlichkeit von Bedeutung sind, um die Geschäftsprozesse optimal zu unterstützen[52].

Für die Dimensionen „Übersichtlichkeit"[53] und „Verständlichkeit"[54] der Daten müssen keine gesonderten Anforderungen für das MDM definiert werden. Eine verständliche und

---

[47] [vgl. (DGIQ, 2007 S. 10)]

[48] In einigen Fällen können Stammdaten sehr wohl wertend sein, z. B. aufgrund der Staatsangehörigkeit können
Geschäfte durch die Aufsicht verboten werden (Beispiel Iran)

[49] [vgl. (Scheuch, et al., 2012 S. 54)]

[50] [vgl. auch im Folgenden (Scheuch, et al., 2012 S. 54)]
[51] „Informationen sind einheitlich dargestellt, wenn die Informationen fortlaufend auf dieselbe Art und Weise
abgebildet werden." (DGIQ, 2007 S. 8)

[52] [vgl. auch im Folgenden (Scheuch, et al., 2012 S. 54)]
[53] „Informationen sind übersichtlich, wenn genau die benötigten Informationen in einem passenden und leicht
fassbaren Format dargestellt sind." (DGIQ, 2007 S. 7)

übersichtliche Darstellung aller Daten - nicht nur der Stammdaten - ist für alle Geschäftsprozesse notwendig und daher immer gegeben – unabhängig von der Einführung eines MDM. Um möglichst effiziente Prozesse zu erreichen sind Übersichtlichkeit und Verständlichkeit Grundvoraussetzungen. Ein MDM kann die Übersichtlichkeit und Verständlichkeit verbessern, sollte sie aber nicht per se begründen.

5.2.4 Nutzung

Die Daten müssen nach der DGIQ aus Sicht des Anwenders relevant, aktuell, vollständig und angemessen sein. Darüber hinaus erfolgt ihre Nutzung zweckgebunden.

Bei der Lieferung der Daten bzw. der Informationen durch das MDM ist der Kontext des Geschäftsprozesses von zentraler Bedeutung, denn anhand des Kontextes wird gemessen, ob der Umfang der gelieferten Daten angemessen[55] ist. Das heißt, um die Anforderungen an die Stammdaten zu erfüllen, müssen Art und Menge der gelieferten Informationen ausreichen, um den Prozess erfolgreich durchzuführen. Es dürfen aber nicht zu viele sein, damit der Prozess nicht verzögert oder undurchführbar wird. Daher ist die Angemessenheit immer vom Kontext der Nutzung - also von Geschäftsprozessen - abhängig[56].

Auch die Vollständigkeit ist abhängig vom Geschäftsprozess, da nicht alle Stammdaten eines Stammdatenobjektes für jeden Geschäftsvorfall nötig sind. Es muss also in Abhängigkeit vom Kontext und Ergebnis eines Geschäftsprozesses definiert werden, welche Stammdaten für den Prozess benötigt werden.

Wenn alle für den Prozess nötigen Stammdaten geliefert werden können, sind die Stammdaten aus Sicht des Prozesses vollständig[57].

Wenn die Daten zeitnah und vollständig für einen Prozess geliefert wurden, sind die Daten aus Sicht des Anwenders auch aktuell[58]. Somit können die unterschiedlichen Anwender der verschiedenen Systeme durchaus unterschiedliche Informationen sehen. Diese sind auch für das jeweilige System korrekt. Jedoch können unterschiedliche Zeitpunkte - also auch historische Daten - für ein System relevant und somit aktuell und korrekt sein. Daraus ergibt sich die Herausforderung für das MDM, auch die Veränderungen der Stammdaten zu kontrollieren und für eine Versionierung bzw. eine Historisierung der Veränderungen zu sorgen[59].

---

[54] „Informationen sind verständlich, wenn sie unmittelbar von den Anwendern verstanden und für deren Zwecke eingesetzt werden können." (DGIQ, 2007 S. 16)

[55] „Informationen sind von angemessenem Umfang, wenn die Menge der verfügbaren Information den gestellten Anforderungen genügt." (DGIQ, 2007 S. 4)

[56] [vgl. (DGIQ, 2007 S. 4) (Scheuch, et al., 2012 S. 55)]

[57] [vgl. (DGIQ, 2007 S. 6)]

[58] [vgl. (DGIQ, 2007 S. 15)]

[59] [vgl. (Scheuch, et al., 2012 S. 55)]

5.3 Anforderungen an die handelnden Personen

Nach einer eher technischen Definition Oestereichs, ist eine handelnde Person[60]:

„eine außerhalb des Systems liegende Klasse, die an der in einem Anwendungsfall
beschriebenen Interaktion mit dem System beteiligt ist. Hierbei nehmen Akteure in der
Interaktion mit dem System eine definierte Rolle ein"

(Oestereich, 1998 S. 201)

In einer etwas allgemeineren Definition beschreibt Oestereich eine handelnde Person als
„eine Person oder ein externes System, das mit dem modellierten System interagiert"

(Oestereich, et al., 2003 S. 148)

Gemäß der zweiten Definition können handelnde Personen im Rahmen des MDM natürliche
Personen oder Systeme sein.

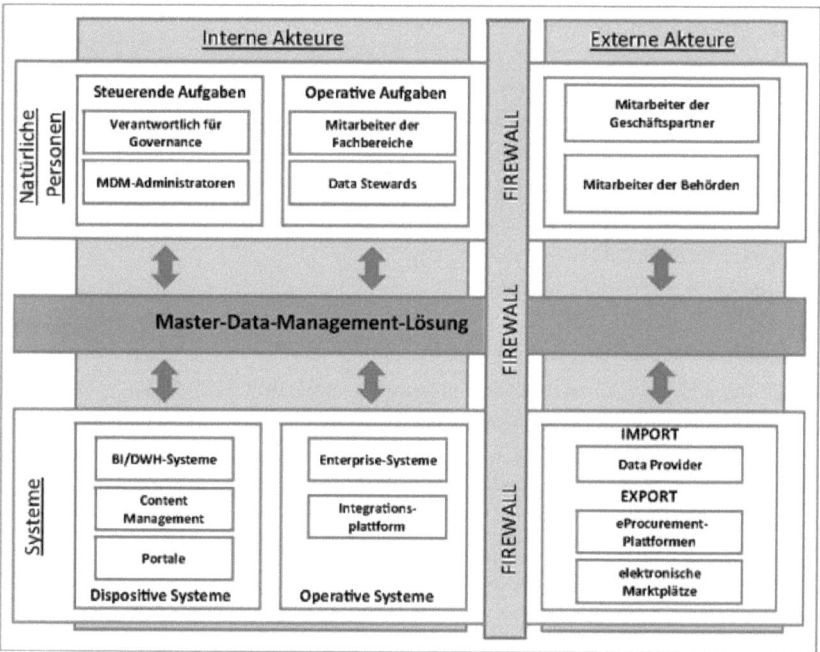

| Abbildung 6 – Handelnde Personen eines MDM | Quelle: Scheuch, et al., 2012 S. 57 |

Typische handelnde Person für ein MDM werden in Abbildung 6 dargestellt[61].

---

[60] Oesterle beschreibt handelnde Personen als *Akteure*

5.3.1 Personen

Personen sind natürliche Personen, die eine MDM-Lösung als Anwender nutzen und pflegen[62]. Es werden dabei auch Personen einbezogen, die Komponenten der MDM-Lösung unmittelbar z.B. über eine Oberfläche nutzen oder die Informationen der MDM-Lösung mittelbar bewerten.

Es kann sich dabei um Mitarbeiter des eigenen Unternehmens handeln oder um Mitarbeiter einer nicht zum Unternehmen gehörenden juristischen Person, die am Wertschöpfungsprozess beteiligt ist und MDM-Komponenten nutzt.

Die Mitarbeiter des eigenen Unternehmens, die in verschiedenen Geschäftsbereichen tätig sein können, aber in Bezug auf das MDM ähnliche Aufgaben und Rollen haben, werden dabei als Mitarbeiter bezeichnet. Mitarbeiter, die zu fremden juristischen Personen gehören, werden als Geschäftspartner bezeichnet.

5.3.1.1 Mitarbeiter[63]

Wie in Abbildung 6 sichtbar wird, lassen sich die Aufgaben der Mitarbeiter in operative Tätigkeiten und steuernde Tätigkeiten aufteilen. Je nach ihrer Berechtigung haben die Mitarbeiter dabei unterschiedlichen Zugriff auf die Systeme.

Mitarbeiter mit operativen Aufgaben sind im Rahmen ihrer Tätigkeit mit der direkten und indirekten Datenpflege beauftragt. Wobei Mitarbeiter eine vordefinierte Rolle besitzen, wenn sie direkt an der Datenpflege arbeiten. Das MDM stellt in diesem Fall entsprechende Systeme, beispielsweise ein Redaktionssystem, zur Verfügung. Wenn diese Mitarbeiter auch direkt für die Datenqualität verantwortlich sind, gelten sie als Besitzer[64] der Daten, auch wenn in den meisten Fällen kein eindeutiger Eigentümer zugeordnet werden kann[65]. Bearbeiten sie die Daten dagegen nur im Tagesgeschäft, spricht man von einem „Data Maintainer"[66]. Eine genaue Zuordnung von Dateneignern und Bearbeitern ist für eine langfristig hohe Datenqualität erforderlich[67].

Mitarbeiter beschäftigen sich indirekt mit der Datenpflege, wenn sie mit operativen Systemen arbeiten, die auch MDM-Komponenten verwenden. Durch die Nutzung der MDM-Komponenten werden die Konsistenz und die Qualität der Stammdatenobjekte über ihren gesamten Lebenszyklus hinweg gesichert.

---

[61] [vgl. (Scheuch, et al., 2012 S. 57)]

[62] [vgl. auch im Folgendem (Scheuch, et al., 2012 S. 58)]

[63] Ausführliche Beschreibungen zum Rollenmodell des Stammdatenmanagements sind zu finden in (Schemm, 2009 S. 157ff.) und (Scheuch, et al., 2012 S. 58ff.).

[64] [„Data Owner" (Master Data Management Roles: Their Part in Data Quality Implementation, 2005 p. 8)]

[65] [vgl. (Bitterer, et al., 2007 p. 5)]

[66] (Schemm, 2009 S. 157)

[67] [vgl. (Schemm, 2009 S. 164)]

Es bedarf dabei eines Datenqualitätsmanagements mit eigenen Prozessen, die in einen organisatorischen Rahmen gefasst sind, um die Sicherung der Stammdatenqualität zu gewährleisten[68].

Da die Fachbereiche ein unmittelbares Interesse an einer guten Datenqualität haben, werden die Mitarbeiter für das Datenqualitätsmanagement aus den entsprechenden Fachabteilungen bezogen. Sie werden in diesem Zusammenhang als „Data Stewards"[69] bezeichnet und sind für die Durchführung der qualitätssichernden Maßnahmen zuständig.

Wie bereits beschrieben, erfasst das MDM alle relevanten Stammdaten und dies bereichsübergreifend. Da fast alle Systeme in einem Unternehmen Stammdaten benötigen, werden vom MDM auch fast alle Systeme berührt. Sobald aber mehrere Einheiten eines Unternehmens Informationen oder Ressourcen zusammen pflegen und nutzen, kann dies zu Differenzen führen, beispielsweise durch unterschiedliche Ansichten der Semantik. Daher muss das MDM auch steuernde Aufgaben übernehmen, um hier einen Interessensausgleich und eine Eindeutigkeit herbeizuführen. Diese steuernden Aufgaben werden von entsprechenden Gremien übernommen, welche gleichermaßen von Mitarbeitern der Fachabteilung und Mitarbeitern der IT-Abteilung besetzt werden müssen. Damit die steuernden Gremien ihre Ziele wie „*eine einheitliche Verwendung, eine gesicherte Datenqualität, Synergien bei der Nutzung, sowie ein gemeinsames Verständnis über die Semantik*"[70] erreichen können, muss das MDM geeignete Prozesse und IT-Komponenten zur Verfügung stellen, um die steuernden Gremien zu unterstützen[71].

Der zweite Teil der steuernden Tätigkeiten wird von MDM-Administratoren ausgeführt. Sie sorgen dafür, dass die MDM-Lösung ohne Probleme funktioniert.
Zu den MDM-Administratoren gehören:

- Mitarbeiter der IT-Abteilung, die in diesem Sinne „Technical Steward"[72] genannt werden
- Mitarbeiter der Fachbereiche.

Die IT-Abteilung ist dabei für die klassischen Themen zuständig, die zum Betrieb eines Anwendungssystems gehören. Dazu gehören vor allem Sicherheitsaspekte wie die

---

[68] [vgl. (Scheuch, et al., 2012 S. 58f.)]

[69] [vgl. (Apel, et al., 2010 S. 55ff.) (Dyché, et al., 2006 p. 167ff.) (Bitterer, et al., 2007 p. 5)]

[70] (Scheuch, et al., 2012 S. 59)

[71] [vgl. auch im Folgenden (Scheuch, et al., 2012 S. 59)]

[72] [vgl. (Schemm, 2009 S. 157)]

Benutzerverwaltung, Autorisierung und Authentifizierung, aber auch die Verteilung der Daten.

Die Mitarbeiter der Fachabteilung sind für die Prüfung der Semantik der Stammdaten, der Taxonomie der Stammdaten durch Metadaten (Struktur, Hierarchien oder formale Regeln) und vor allem der Datenqualität zuständig.

Um die MDM-Lösung entsprechend administrieren zu können, ist es erforderlich, dass die MDM-Lösung entsprechende Möglichkeiten zur Administration anbietet.

5.3.1.2 Geschäftspartner

Die Geschäftspartner sind Mitarbeiter einer fremden juristischen Person, die an den Wertschöpfungsprozessen beteiligt sind. Diesen Geschäftspartnern werden MDM-Komponenten zur Verfügung gestellt, die außerhalb des Unternehmens nutzbar sind. Diese Konstellation muss in dem MDM berücksichtigt werden.

Generelle Rollen können für die Geschäftspartner nur schwer explizit definiert werden, *„da die Implementierung der Geschäftsprozesse und damit der MDM-relevanten Anwendungsfälle zur Sicherung der Verlässlichkeit der Stammdaten sehr unterschiedlich sein können."*[73].

Mitarbeiter von Behörden und regulatorischen Einrichtungen gelten als Sonderfall[74], da ihr Informationsbedarf auf Gesetzen oder Regularien beruht. Grundlage dieser Informationen sind häufig die Stammdaten des Unternehmens.

Oft werden die Informationen als Unterlagen bzw. Listen durch die Behörde angefordert. Dazu werden die Daten dann über Self-Service-Funktionen des MDM erstellt und über Schnittstellen automatisch übermittelt.

5.3.2 Systeme

Systeme, die als Anwender des MDM mit diesem über IT-Komponenten kommunizieren, werden nach internen und externen Systemen unterschieden.

Dabei stellen Systeme aus der eigenen IT-Landschaft die internen Systeme da und die Systeme fremder, juristischer Personen, die am Wertschöpfungsprozess beteiligt sind, die externen Systeme.

5.3.2.1 Interne Systeme

Scheuch definiert alle IT-Systeme eines Unternehmens, *„die im Rahmen von operativen oder dispositiven Geschäftsprozessen mit dem MDM interagieren"*[75], als interne Systeme. Er beschränkt sich dabei auf fünf typische Klassen von Systemen.

---

[73] (Scheuch, et al., 2012 S. 59)

[74] [vgl. Auch im Folgenden (Scheuch, et al., 2012 S. 59f.)]

[75] [vgl. (Scheuch, et al., 2012 S. 60)]

5.3.2.1.1 Enterprise-Systeme

Enterprise-Systeme gehören zu den operativen Systemen und werden in den wichtigsten Prozessen der Wertschöpfungskette eingesetzt. Sie sind unternehmensweit im Einsatz. Dabei wird nur selten eine integrierte Lösung für das gesamte Unternehmen eingesetzt[76]. Meistens werden unterschiedliche Teilsysteme, zum Beispiel ERP-, SCM- oder CRM-Systeme, in den verschiedenen Bereichen eingesetzt, die häufig auch von unterschiedlichen Herstellern stammen. Alle diese Systeme nutzen aber die gleichen Stammdatenobjekte. Aufgabe des MDM ist es nun, die Stammdaten für die verschiedenen Systeme konsistent bereitzustellen. Dafür verfügt die MDM-Lösung über Komponenten, die die nötige Stammdatenlogistik gewährleisten und die Datenqualität sichern.

5.3.2.1.2 Integrationsplattformen

Ein weiteres operatives System sind Integrationsplattformen. Sie unterstützen den Datenaustausch zwischen zwei Systemen der Systemlandschaft. Diese Schnittstellen (Maschine-Maschine) erfordern einen hohen Standardisierungsgrad und gewähren daher wenig Flexibilität. Gerade durch die hohe Standardisierung kann die Datenqualität aber verbessert werden[77].

Der Datenaustausch zwischen den Systemen ist bei einem MDM-Vorhaben ein zentraler und sehr komplexer Aspekt, da umfängliche und komplexe Datensynchronisierungen erforderlich sind[78]. Da in zentralen Systemen oft nicht alle Attribute gepflegt werden ist nicht selten eine Bearbeitung erforderlich, um die lokalen, teils konkurrierend gepflegten Daten einheitlich und mit einer hohen Datenqualität im gesamten Unternehmen bereitzustellen.

Dabei sind wichtige Aufgaben des MDM „die Verwaltung der referenziellen Integrität, die Auflösung der Beziehungen, sowie die Aktualisierung über Systemgrenzen hinweg"[79]. Die Integrationsplattformen helfen dem MDM, diese Aufgaben im Hinblick auf die Datenverteilung und Datenintegration zu erfüllen.

5.3.2.1.3 Dispositive Systeme

Zu den dispositiven Systemen zählen Portale, Business Intelligent- (BI) und Datawarehouse – Systeme (DWH). Portale werden dabei für einen gemeinsamen Einstieg in die Systemlandschaft genutzt und erlaubt so den Zugang zu verschiedenen Informationsquellen[80]. Zum Teil werden die Systeme so stark in Portale integriert, dass dem Anwender nicht mehr auffällt, ob er noch mit dem Portal oder einem Anwendungssystem arbeitet[81].

---

[76] [vgl. auch im Folgenden (Scheuch, et al., 2012 S. 60f.)]

[77] [(Schemm, 2009 S. 168) (Heutschi, et al., 2004 S. 134ff.) (Mantel, et al., 2004 S. 4)]

[78] [vgl. auch im Folgenden (Scheuch, et al., 2012 S. 60f)]

[79] [vgl. (Scheuch, et al., 2012 S. 61)]

[80] [vgl. (Österle, 2002 S. 23) (Grossmann, et al., 2005 S. 28)]

[81] [vgl. auch im Folgenden (Scheuch, et al., 2012 S. 61)]

Vor allem in einem BI/DWH-Umfeld bieten Portale häufig vielfältige Möglichkeiten für Auswertungen und Analysen. Wie auch die BI/DWH-Systeme selber werden bei den Auswertungen häufig Stammdaten genutzt und müssen daher ebenfalls durch das MDM überwacht werden.

5.3.2.1.4 Content Management Systeme

Content Management Systeme (CMS) gehören ebenfalls zu den dispositiven Systemen und dienen der Verwaltung von Daten. In den meisten Fällen sind diese Daten unstrukturiert, wobei sich das Unstrukturierte vor allem auf das Dokument bezieht, da einem Dokument unterschiedlichste Merkmale zugeordnet werden können[82].

Dokumente entstehen in der Regel durch die Geschäftsprozesse eines Unternehmens, daher müssen die Dokumente in eine Beziehung zum entsprechenden Abschnitt des Lebenszyklus der Stammdaten gebracht werden. Durch die Merkmale eines Dokumentes kann diese Beziehung zu den Stammdaten hergestellt werden, indem eine Kopplung der Dokumentenmerkmale mit den Merkmalen des MDM erfolgt.

Aufgrund dieser Beziehungen zwischen MDM und CMS entstehen viele Kontaktpunkte zwischen den Systemen. Dies führt zu einem großen Synergiepotenzial, das durch eine gute Abstimmung gehoben werden kann. Beispielsweise verfügt ein CMS oft über ein eigenes Repository, in dem die benötigten Daten gespeichert werden. Um das Repository mit Daten zu füllen, werden Schnittstellen zwischen dem CMS und den Quellsystemen benötigt. Diese müssen entwickelt und gewartet werden. Würde sich das CMS direkt aus den Quellsystemen bedienen, würde sowohl der Aufwand für das zusätzliche Repository, als auch für die Schnittstellen eingespart. Das CMS könnte sich auf seine eigentliche Aufgabe, die Datenpräsentation, konzentrieren und das MDM würde auch beim CMS das Datenmanagement und die Datenqualitätssicherung übernehmen und für eine einheitliche Semantik in den Systemen sorgen.

5.3.2.2 Externe Systeme

Externe Systeme interagieren in der Regel nicht direkt mit den Systemen des Unternehmens. Meistens konzentrieren sie sich auf den Import von Daten in die Unternehmenssysteme oder den Export der Daten.

5.3.2.2.1 Importierende Systeme

Um eine hohe Datenqualität möglichst aller Stammdaten zu erreichen, bedienen sich Unternehmen durchaus auch bei Hierarchien und Strukturen von Geschäftspartnern. Dabei handelt es sich oft um allgemeine Daten, die von spezialisierten Anbietern bezogen werden. Beispiele sind allgemeine Marktdaten der Deutschen Börse[83] oder Bezeichnungen und

---

[82] [vgl. auch im Folgenden (Scheuch, et al., 2012 S. 61f.)]

[83] (Deutsche Börse, 2013)

Strukturierungen börsengehandelter Wertpapiere, die von der WM Datenservice[84] bezogen werden können.

5.3.2.2.2 Exportierende Systeme

Bei exportierenden Systemen geht es darum, die eigenen Daten so aufzubereiten, damit sie in ein Drittsystem mit eigener Struktur exportiert werden können. Die Struktur des Drittsystems ist dabei meist nicht anpassbar. Problematisch ist dabei vor allem, dass durch das Drittsystem eine zweite Struktur und Produktklassifikation entsteht, die ggf. nicht nur anders ist, sondern im Konflikt mit der eigenen Struktur stehen kann. Dennoch müssen beide Strukturen erhalten werden bzw. automatisiert erstellt werden[85].

Beispiele sind ein Zulieferer in der Automobilindustrie, der Daten an den Autobauer liefert und nicht mit ihm über ein unternehmensübergreifendes Stammdatenmanagement nach Schemm [86] zusammenarbeitet, weil er etwa mehrere Autobauer beliefert. Oder ein Versandhändler, der seine Produkte auch auf den Marktplätzen von Amazon oder ebay anbieten möchte. In beiden Fällen muss sich der Datenlieferant nach den Strukturen und Klassifikationen des Datenempfängers richten.

---

[84] (WM Datenservice, 2013)

[85] [vgl. (Scheuch, et al., 2012 S. 61f.)]

[86] [vgl. (Schemm, 2009)]

6 Einflussbereiche des MDM

Es gibt unterschiedliche Einflussbereiche, die den Aufwand und die Komplexität einer MDM-Implementierung einschätzbar machen. Drei verschiedene und disjunkte Kriterien für die Klassifizierung werden von Berson, Loshin und IBM[87] beschrieben. Die Stammdatendomänen, die Nutzungsart und die Art der Datenverteilung werden von Scheuch[88] noch um die Breite der Distribution in der Organisation und die Aktualität der Stammdaten erweitert.

Es ergeben sich somit fünf allgemeine Kriterien, um den Implementierungsaufwand eines MDM abzuschätzen. Diese können, wie in Abbildung 7 sichtbar, noch in Einflussbereiche aufgeteilt werden.

Technische Veränderungen aufgrund des MDM betreffen die Einflussbereiche, Datenhaltung und Aktualität. Durch diese Faktoren lässt sich die Komplexität der Änderungen einschätzen, die an der Systemlandschaft notwendig werden.

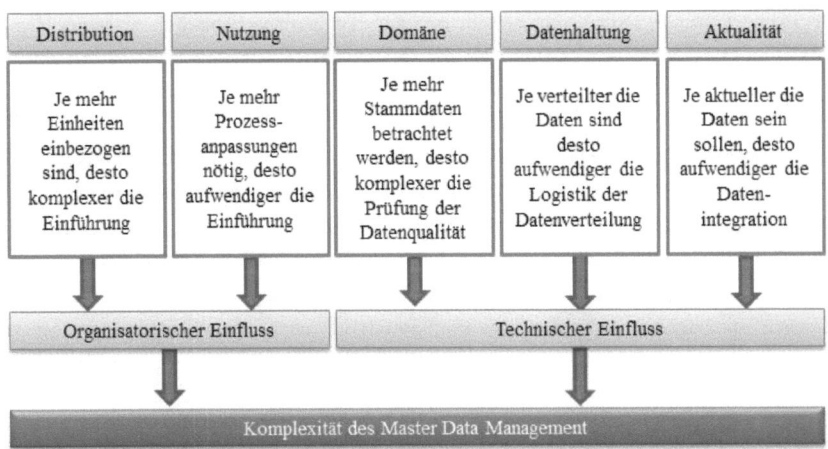

Abbildung 7 - Einflussbereiche des MDM   Quelle: Scheuch, et al., 2012 S. 72

Die Distribution und die Nutzung der Daten haben dagegen einen organisatorischen Bezug. Sie verursachen Veränderungen in den Prozessen und der Organisation des Unternehmens und helfen damit bei der Einschätzung der Komplexität.

6.1 Breite der Distribution

Die Breite der Distribution ist abhängig von der Anzahl der einbezogenen Organisationseinheiten. Eine Organisationseinheit ist dabei dauerhafter und eigenständiger

---

[87] [vgl. (Berson, et al., 2011), (Loshin, 2009) (IBM, et al., 2008)]

[88] [vgl. auch im Folgenden (Scheuch, et al., 2012 S. 72)]

Bestandteil in der Aufbauorganisation eines Unternehmens[89]. Dabei wachsen der Aufwand und die Komplexität des MDM-Vorhabens mit der einbezogenen Anzahl. Den größten Aufwand verursacht dabei die steigende Anzahl an unterschiedlichen Interessen, die durch einen Abstimmungsprozess in Einklang gebracht werden müssen. Jede Organisationseinheit hat jedoch ein anderes Geschäftsmodell mit unterschiedlichen Zielen. Außerdem ist es nicht auszuschließen, dass die Ziele im Widerspruch miteinander stehen. Die Anforderung an die IT besteht vor diesem Hintergrund darin, eine wachsende Stammdatenlogistik und eine komplexer werdende Systemintegration zu beherrschen[90].

Die Distributionsgrößen werden dabei in vier Kategorien gegliedert.

Das **funktionale MDM** bezieht sich auf ein **MDM-Vorhaben innerhalb einer Unternehmenssparte**. Die Komplexität ist am geringsten, da einheitliche Ziele verfolgt werden und damit der Erfolg mit ähnlichen Kennzahlen ermittelt werden kann.

Die zweite Stufe der Distribution bezieht sich auf alle **innerbetrieblichen Systeme**. Hier kann es zu Interessenskonflikten zwischen den Geschäftsbereichen kommen, die durch einen Interessensausgleich gelöst werden müssen.

Die nächste Stufe der Distribution innerhalb eines Unternehmens ist das **unternehmensweite MDM**. Hierbei wird das MDM auf **alle juristischen Personen** der Unternehmensgruppe ausgeweitet, man könnte dies auch als „*konzernweites MDM*" bezeichnen. Der Aufwand ist wesentlich höher und die Umsetzung komplexer als bei den bisherigen Stufen, da neben den zusätzlichen Interessen auch die unterschiedlichen Systemlandschaften der juristischen Personen miteinbezogen werden müssen. Somit ist auch der Abstimmungsprozess langwieriger. Darüber hinaus könnten die Ziele der einzelnen juristischen Personen miteinander konkurrieren

Die letzte Stufe der Distribution stellt das **zwischenbetriebliche MDM** da. Hier müssen die unterschiedlichen Interessen von verschiedenen **wirtschaftlich unabhängigen Geschäftspartnern** in Einklang gebracht werden. Neben den bisherigen Aufgaben kommen noch Abstimmungen und Anpassungen von Prozessen und Schnittstellen der Partner hinzu[91].

6.2 Art der Nutzung

Jedes Stammdatenobjekt verfügt in einem MDM über einen Lebenszyklus - ähnlich einem Phasenmodell bei einem Produkt. Die Nutzungsart der Stammdaten soll dabei den Lebenszyklus unterstützen.

---

[89] [vgl. (Österle, 1995 S. 51) (Hess, 1996 S. 123)]

[90] [vgl. auch im Folgenden (Scheuch, et al., 2012 S. 73ff.)]

[91] [vgl. (Schemm, 2009 S. 74)]

Es ist eine Hauptaufgabe des MDM, diesen Lebenszyklus des Stammdatenobjekts zu unterstützen und abzubilden. Um dies zu realisieren, beschreiben Berson, IBM und Loshin[92] drei gänzlich verschiedene Möglichkeiten für das MDM.

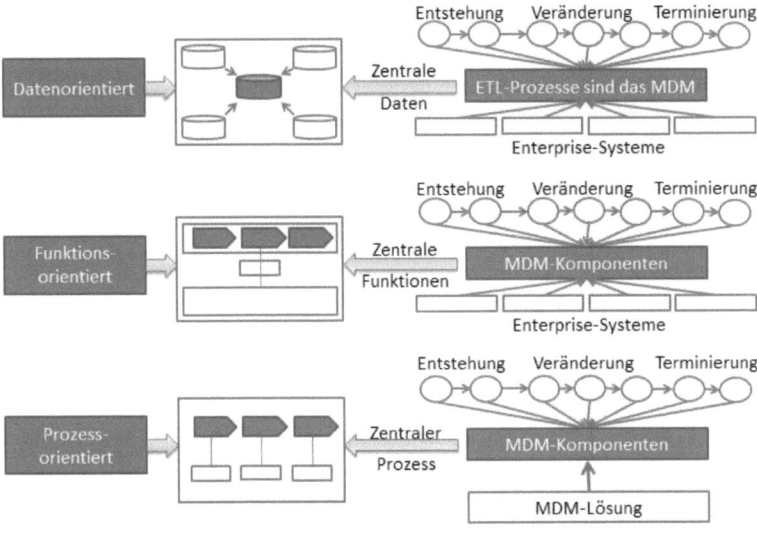

Abbildung 8 - Ausprägung der Dimension Nutzungsart   Quelle: Scheuch, et al., 2012 S. 75

1. Datenorientiertes MDM (Analytical Usage, Analytical MDM)
2. Funktionsorientiertes MDM (Operational Usage, Operational MDM)
3. Prozessorientiertes MDM (Reference Information Management, Collaborative MDM)

Im Folgenden werden die drei Ansätze genauer beschrieben, jedoch ist zu beachten, dass in der Praxis meist Mischformen angewendet werden. Die Ursache dafür kann historische, organisatorische, unternehmensinterne oder auch regulatorische Gründe haben.

6.2.1 Datenorientiertes MDM

Im Fokus des datenorientierten MDM steht die zentrale Datenversorgung der operativen Systeme. Dazu wird ein zentrales MDM-Repository angelegt und die Daten werden aus den bisherigen Quellsystemen - entsprechend den Vorgaben durch das MDM - transformiert und validiert.

---

[92] [vgl. auch zu den folgenden, ausführenden Abschnitten (Berson, et al., 2011 p. 21ff.) (IBM, et al., 2008 p. 15) (Loshin, 2009 p. 166ff.)]

Die Transformation und Validierung der Daten basiert dabei im Wesentlichen auf den Daten der vorhandenen Enterprise-Systeme. Sollten die benötigten Daten nicht bereitgestellt werden können, muss eine Meldung an den verantwortlichen Fachbereich erfolgen. Durch die Zentralisierung wird ein Datenpool geschaffen, der als Single Point of Truth[93] (SPoT) angesehen wird. Aus diesem bedienen sich alle operativen Systeme. Mit der zentralisierten Infrastruktur werden die operativen Systeme entlastet. Dabei beschränkt sich die Anpassung von Prozessen im Wesentlichen auf IT-Prozesse und weniger auf fachlich, analytische Prozesse.

Um die Datenqualität in der Folge sicherzustellen, werden neue Geschäftsprozesse benötigt, die die Qualität der Daten auf dem Weg zum Datenpool - der als SPoT angesehen wird - prüfen. Ab dem SPoT wird die Korrektheit der Daten vorausgesetzt und nicht mehr angezweifelt.

6.2.2 Funktionsorientiertes MDM

Das MDM stellt bei einem funktionsorientierten Ansatz den operativen Systemen die Stammdaten über Schnittstellen oder MDM-Komponenten zur Verfügung. Dementsprechend liegt der Fokus des MDM auch bei der Unterstützung der bestehenden operativen Systeme.

Die Kontrolle über die operativen Geschäftsprozesse bleibt ebenfalls den bereits etablierten Enterprise-Systemen überlassen, da keine Anpassungen bei den Anwendungssystemen vorgesehen sind. Nur bei erheblichem Optimierungspotenzial würde eine zentrale MDM-Lösung andere Anwendungssysteme verdrängen. Der weitaus größte Teil der Anpassungen erfolgt aufgrund der Schnittstellen und Anpassungen der operativen Systeme in der IT.

Die Sicherung der Datenqualität muss beim funktionsorientierten Ansatz in zwei Richtungen erfolgen, da auch die lokalen Systeme aktualisiert werden müssen. Das heißt System A liefert Daten an das nachgelagerte System B, System B liefert aber auch Daten an System A, um eine gleiche Datenbasis in beiden Systemen zu erreichen.

6.2.3 Prozessorientiertes MDM

Mit dem prozessorientierten MDM sind die größten Anstrengungen verbunden. Dabei werden für das Unternehmen neue Geschäftsprozesse geschaffen, die für den gesamten Lebenszyklus der Stammdaten verantwortlich sind.

Mit der eigentlichen Implementierung des MDM und der Erweiterung der bestehenden Systeme um die MDM-spezifischen Funktionalitäten kommt besonders auf die IT eine große Belastung im Sinne von Aufwand zu.

Die Organisation muss in allen Fachabteilungen neue MDM-spezifische Geschäftsprozesse implementieren. Durch die MDM-bedingte Einführung des Stammdatenlebenszyklus und den

---

[93] Mit SPoT ist eine Datenquelle gemeint deren Daten als korrekt angesehen werden, egal was in anderen Datenquellen steht.

damit definierten Rollen und Verantwortlichkeiten für die Datenqualität gestaltet sich die Sicherung der Datenqualität dann aber relativ einfach.

Durch den Aufwand der IT bei einem daten- oder funktionsorientierten MDM erklärt sich, warum bisher meist die IT die treibende Kraft hinter einem MDM-Vorhaben war. Bei dem prozessorientierten MDM wird auch deutlich, dass der Abstimmungsbedarf der operativen Bereiche untereinander und mit der IT umso stärker wird, je mehr ein MDM auf operative Prozesse einwirkt. Damit steigt auch die Komplexität.

6.3 Anzahl der Domänen

Wie unter 2.2 dargestellt, werden durch die Gruppierung von Stammdatenobjekten Domänen

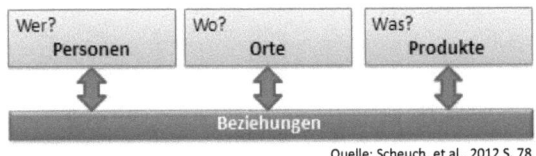

Quelle: Scheuch, et al., 2012 S. 78

Abbildung 9 - Allgemeingültige Domänen von Stammdaten

gebildet. In der Literatur[94] haben sich dabei die drei in Abbildung 9 dargestellten Domänen soweit durchgesetzt, dass sie grundsätzlich überall Anwendung finden könnten. Durch den logischen Zusammenhang der Stammdatenobjekte stehen die Domänen zwar in einer Beziehung zueinander, sind aber grundsätzlich disjunkt. In Abhängigkeit von der Branche, den Unternehmenszielen und dem Anwendungsgebiet des MDM kann es neben den Dimensionen Personen, Orte und Produkte weitere Domänen oder Subdomänen geben, jedoch steht häufig eine von diesen im Fokus[95].

Je nach Wettbewerbsstrategie fällt die Wahl beispielsweise auf die Domäne Personen, wenn das Unternehmen eher kundenorientiert ist, oder auf die Domäne Orte, wenn eine Kostenführerschaft angestrebt ist[96].

6.4 Art der Datenhaltung

Die Architektur der Systemlandschaft für die Datenhaltung ist von großer Bedeutung für das MDM. Dabei gibt es zum einen die Möglichkeit einer zentralen Datenhaltung über einen SPoT (System of Record),

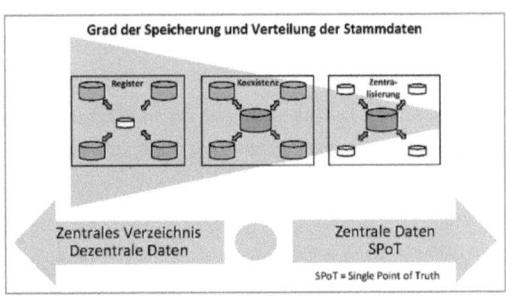

Abbildung 10 - Möglichkeiten der Datenhaltung

Quelle: Scheuch, et al., 2012 S.

---

[94] [vgl. (Berson, et al., 2011 p. 20ff.) (IBM, et al., 2008 p. 13)]

[95] [vgl. (Scheuch, et al., 2012 S. 78ff.)]

[96] [vgl. (Möller, et al., 2003 S. 109ff.) (Porter, 1980)]

zum anderen kann eine dezentrale Datenhaltung mit einem zentralen Verzeichnis (System of Reference) erfolgen[97].

Da beide Ansätze in der Praxis nur selten in Reinkultur anzutreffen sind ergibt sich, wie in Abbildung 10 dargestellt neben der zentralen und der dezentralen Datenhaltung noch die Möglichkeit, die Daten in Mischform zu halten.

6.4.1 Zentrale Datenhaltung

Die meisten Standardlösungen für ein MDM basieren auf der zentralen Datenhaltung. Es ist eine verbreitete Praxis, Daten zu vereinheitlichen[98].

Da sie in eine bestehende Systemlandschaft implementiert werden und die vorhandenen Systeme nicht alle aufgegeben werden, wird die MDM-Lösung häufig zu einem führenden System. Dadurch wird die Datenhaltung – zumindest in Teilen – zentralisiert[99].

Dieser Ansatz wurde in der Vergangenheit genutzt, wenn nur eine Domäne betrachtet wurde und die Breite der Distribution begrenzt war[100].

Bei einer optimalen Lösung würde die zentrale Datenhaltung auf das gesamte Unternehmen angewendet und alle Änderungen über zentrale IT-Komponenten des zentralen Systems erfolgen[101].

Die vollständige Zentralisierung der Datenhaltung birgt jedoch die Gefahr der totalen Arbeitsunfähigkeit des Unternehmens, wenn diese einmal ausfallen sollte.

6.4.2 Dezentrale Datenhaltung

Beim gegenteiligen, dezentralen Ansatz, werden in einem zentralen Verzeichnis die Referenzen auf die Stammdaten in den einzelnen Systemen gespeichert[102]. Benötigt ein System dann Zugriff auf die Daten, wird die Referenz zur Laufzeit aufgelöst und der Datensatz bereitgestellt. Dieser Ansatz ist deutlich einfacher zu implementieren, kann aber - , z.B. beim Auftreten von Duplikaten - zu Problemen führen[103].

6.4.3 Datenhaltung mit einer Mischform

Das gewichtigste Argument gegen einen zentralen Ansatz ist meist die Komplexität und der damit verbundene hohe Aufwand. Darüber hinaus können Regularien oder eine schlechte Performance beim Datenzugriff und der Skalierbarkeit durch den systemtechnischen Zugriff auf die Daten gegen eine zentrale Datenhaltung sprechen.

---

[97] [vgl. (IBM, et al., 2008 p. 23)]

[98] [vgl. (Pohland, 2000 S. 188f.) (Legner, et al., 2007 S. 9)]

[99] [vgl. (Loser, et al., 2004 S. 3) (Legner, et al., 2007 S. 9)]

[100] [vgl. (Schmidt, 2010 S. 163)]

[101] [vgl. (Scheuch, et al., 2012 S. 81)]

[102] [vgl. (Pohland, 2000 S. 189) (Loser, et al., 2004 S. 4) (Legner, et al., 2007 S. 10)]

[103] [vgl. (Scheuch, et al., 2012 S. 81)]

Die Argumente gegen eine rein dezentrale Datenhaltung sind die Komplexität des Netzwerkes und die damit verbundene Last auf der IT-Infrastruktur (z.b. Netzwerkbandbreite), der große Aufwand eines Monitorings, sowie die fehlende Transaktionssicherheit[104] im Multiuserbetrieb[105].

Da gegen beide Formen der Datenhaltung gewichtige Gründe sprechen, ist die Datenhaltung in einer Mischform häufig am praxisnahsten[106]. Dies zeigt sich dann in verschiedenen, führenden Systemen und zusätzlichen, oft lokalen oder regionalen Systemen.

Aktuell gibt es wegen der verbesserten technischen Möglichkeiten eine Tendenz zur zentralen Datenhaltung, daher stellt die Mischform in dieser Konstellation nur eine Übergangslösung da.

Um den Aufwand möglichst gering zu halten, werden nicht alle Systeme gleichzeitig sonder sukzessive auf die zentrale Datenhaltung umgestellt[107].

6.5 Aktualität der Stammdaten

Für ein MDM stellt die Aktualität ebenfalls eine disjunkte Dimension dar, denn der gewünschte Grad der Aktualität kann den Aufwand und die Komplexität des MDM stark beeinflussen. Da die Aktualität von Daten eine große Spannweite von monatsgenau über tagesgenau bis hin zu Realtime haben kann, ist es erforderlich die nötige Aktualität für jedes Datensegment bzw. Datenattribut pro System und Anwendung genau zu definieren. Dabei gelten die Daten als aktuell wenn die Aktualisierung der Daten mit einem geringen Zeitverzug, entsprechend der Anforderung, umgesetzt werden. Die Forderung einer unnötig hohen Aktualität oder auch eine zu geringe Aktualität können die Kosten (bzw. Aufwand) und die Komplexität in die Höhe treiben[108].

---

[104] [vgl. (Scheuch, et al., 2012 S. 81) (Gaitanides, 2007 S. 208)]

[105] Auch im Multiuserbetrieb soll jeder Anwender jede Änderung schnellstmöglich sehen.

[106] [vgl. auch im Folgenden (Hungenberg, 1995 S. 48)]

[107] [vgl. (Scheuch, et al., 2012 S. 81)]

[108] [vgl. (Batini, et al., 2006 p. 28ff.) (Scheuch, et al., 2012 S. 82f.)]

7 Beispielhafte Nutzung in Finanzinstituten

7.1 Stammdaten in Finanzinstituten

Die in 2.1 (Seite 2) beschriebenen Unterschiede, die bei den Stammdaten von Unternehmen zu Unternehmen auftreten, sind bei Finanzinstituten eher gering. Dabei gibt es keinen grundlegenden Unterschied zwischen einer großen Universalbank, einer kleinen Sparkasse oder Volksbank und einem spezialisierten Institut, da bei allen immer Finanzprodukte für natürliche oder juristische Personen im Fokus stehen.

Die größten Unterschiede ergeben sich noch bei den spezialisierten Instituten, da ihre Geschäftsmodelle am stärksten voneinander abweichen können. Ein Institut, das sich etwa auf die Abwicklung von Wertpapiertransaktionen konzentriert, fungiert als Zulieferer für andere Institute und wird aufgrund seines nicht auf Finanzprodukten basierenden Geschäftsmodells ein breiteres Stammdatenmodell im Wertpapierbereich speziell für den Handel besitzen[109].

Ein großes Institut, dass vom Retail-Banking über Investmentbanking bis hin zum Family Office alle Dienstleistungen anbietet, wird mehrere Stammdatendomänen im Fokus haben, im Gegensatz zu kleinen Instituten, da durch die unterschiedlichen Bereiche auch unterschiedliche Geschäftsmodelle gleichzeitig verfolgt werden.

7.2 Vergleich von Stammdaten bei Finanzinstituten und Industrie

Die in 6.3 (Seite 30) beschriebenen, grundlegenden drei Stammdatendomänen sind natürlich auch auf Finanzinstitute anwendbar. Jedoch verschiebt sich die Bedeutung der verschiedenen Stammdaten im Vergleich zu Industrieunternehmen. Beispielhaft nehmen wir hier die Stammdatendomäne „Person". In Abbildung 11 wird zunächst eine grobe Stammdatenstruktur eines Industrieunternehmens gezeigt, hier eines Autobauers. Abbildung 12 zeigt die Struktur für ein Finanzinstitut. Die Darstellung beschränkt sich aus Gründen der Übersichtlichkeit auf die Stammdatenobjekte mit ihrer Hierarchie.

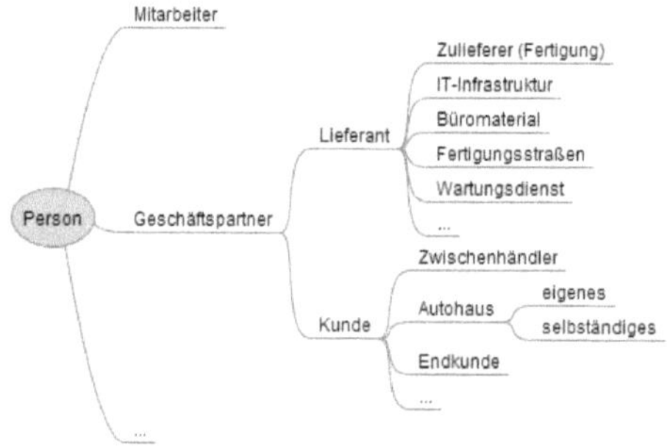

Wie an den Ausprägungen der Stammdatenobjekte für den Autobauer zu sehen ist, besitzt er eine ganze Reihe von Zulieferern und relativ wenige Kundenobjekte. Dies hängt vor allem mit der Herstellung des physischen Produktes durch den Autobauer zusammen. Es kann

Abbildung 11 – Mögliche Stammdatenstruktur eines Autobauers

---

[109] Ein breiteres Modell meint in diesem Sinne, dass neben den Stammdaten für die Finanzprodukte auch Stammdaten zu den anderen Finanzinstituten (Kunden) vorhanden sein müssen.

jedoch für alle Industrieunternehmen Gültigkeit haben.

Da viele physische Produkte nicht ausschließlich vom Endproduzenten (z. B. dem Autobauer) hergestellt werden, sondern auch vorgefertigte Produkte von Zulieferern verarbeitet werden, benötigen Industrieunternehmen zum einen Zulieferer für ihre Rohstoffe und zum anderen Zulieferer für vorgefertigte Produkte. Darüber hinaus werden auch noch Lieferanten für die Produktionsanlagen benötigt.

Ein Finanzinstitut dagegen benötigt diese Stammdatenobjekte, die durch die eigene Fertigung anfallen, nicht, da die Produkte eines klassischen Finanzinstituts im eigentlichen Sinne gefertigt werden. Aus diesem Grund gibt es deutlich weniger Ausprägungen für Lieferanten bei den Finanzinstituten. Im Grunde besitzt ein Finanzinstitut nur Lieferanten für die Büroausstattung und Büromaterialien, sowie die IT-Infrastruktur. Zu beachten ist dabei, dass nicht wenige Institute auch ihre IT-Infrastruktur in weiten Teilen noch selber aufbauen, pflegen und entwickeln, jedoch gibt es durchaus eine Entwicklung, IT- und fachliche Produktbereiche auszulagern bzw. einzukaufen. Beispielsweise hat die Postbank den Zahlungsverkehr für viele andere Institute übernommen, und die dwpbank hat die Wertpapierabwicklung für die meisten Genossenschaftsbanken und einige weitere Institute übernommen. Auch für bankinterne Kernbanksysteme haben sich Anbieter wie Avalog (Schweiz) oder GAD (Genossenschaftsbanken) mit modularisierten Standardprodukten etabliert.

Der eigentliche Rohstoff eines Finanzinstituts ist das Geld. Um diesen „Rohstoff" zu erhalten, braucht auch ein Institut Lieferanten. Die Lieferanten des Geldes sind aber - zumindest im Private Banking - auch die Kunden.

Was sich im ersten Moment paradox anhört ist auf den zweiten Blick durchaus nachvollziehbar. Institute bieten Kunden Spar- und Vorsorgeprodukte an, auf die die Kunden sparen, um später Geld vom Finanzinstitut zu erhalten. Die Kunden stellen also den Finanzinstituten Geld zur Verfügung und werden in der Regel mit Zinsen bezahlt. Nun kann das Institut mit dem beschafften Geld andere Produkte „produzieren", z.B. ein Baudarlehen, das wiederum vom Kunden mit Zinszahlungen bezahlt wird.

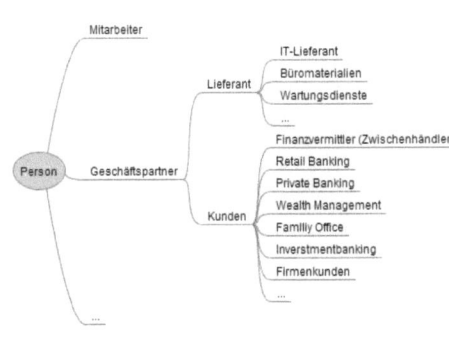

Abbildung 12 – Mögliche Stammdatenstruktur bei Finanzinstituten

Die in Abbildung 12 dargestellten Kundenobjekte sind also gleichzeitig auch Lieferantenobjekte, denn es kommt vor, dass ein Kunde bei dem gleichen Institut sowohl Geld angelegt („geliefert"), als auch ausgeliehen hat. In diesem Fall ist eine Person gleichzeitig Lieferant und Kunde.

Aufgrund dieser Besonderheit bei Finanzinstituten gestaltet sich auch die Stammdatenstruktur - mit Sicht auf die Lieferanten - schlanker. Aber auch diese schlankere Struktur sollte angemessen verwaltet werden.

7.3 Ziele des MDM in Finanzinstituten

Die Ziele eines Finanzinstituts im Zusammenhang mit einem MDM sind weitestgehend identisch mit den Zielen aus 3.2 (Seite 5) Aufgrund der besonderen Situation der Finanzbranche als besonders regulierte bzw. beaufsichtigte Branche - insbesondere seit der letzten Finanzkrise - liegt die Gewichtung allerdings etwas anders.

7.3.1 Compliance

Wegen der neuen Regulierungen wie Basel III und aufgrund der sich verändernden Struktur in der Aufsicht für Finanzinstitute ist die Sicherstellung der Compliance-Ziele aktuell am wichtigsten.

Die Institute müssen verschiedene Kennzahlen bezüglich Kapitalanforderungen und Risikomanagement erfüllen und brauchen dafür eine möglichst hohe Datenqualität, um die von der Aufsicht verlangten Kennzahlen korrekt und zeitnah zu ermitteln. Dies gilt insbesondere für Institute, die in besonders risikoreichen Geschäftsfeldern aktiv sind, da mit hohem Risiko auch höhere Eigenkapitalanforderungen verbunden sind. Bei einer schlechten Geschäftsentwicklung sind diese Institute besonders anfällig für Kapitalschwankungen und laufen damit Gefahr, Probleme mit den Aufsichtsbehörden zu bekommen, wenn die Kennzahlen in einen kritischen Bereich kommen. Gleiches gilt für systemrelevante Finanzinstitute[110], da diese noch strengeren Kapitalanforderungen unterliegen.

7.3.2 Effizienz

Durch das verlorengegangene Vertrauen der Kunden in die Finanzinstitute ist die Ertragslage bei vielen Instituten auch heute noch angespannt. Die Kunden fragen mehr, sind besser informiert und kaufen die Produkte nicht so schnell wie früher.

Besonders in Deutschland ist es für Finanzinstitute schwer, durch anorganisches Wachstum (Zukäufe) ihre Umsatz- und Ertragslage zu verbessern[111]. Aber auch dem organischen Wachstum durch Neukundengeschäft sind aufgrund des starken Wettbewerbs Grenzen gesetzt, daher müssen andere Wege gefunden werden. Dabei besitzt die Steigerung der Effizienz durchaus Potenzial, die Kostenbasis zu verbessern. Mit der Einführung eines MDM

---

[110] Einschätzung erfolgt durch die Aufsichtsbehörden in fünf Stufen.

[111] Durch die letzten Übernahmen (Deutsche Bank – Postbank und Sal Oppenheim, Commerzbank- Dresdner Bank, Santander – SEB) gibt es kaum noch potenzielle Übernahmeziele.

und der damit verbundenen Optimierung der Datenqualität und der Prozesse kann dieses Potenzial genutzt werden.

Darüber hinaus kann die Möglichkeit des Outsourcings von Prozessen und IT-Landschaft Potenzial für Kostensenkungen bieten, da sich immer mehr Spezialinstitute für bestimmte Aufgaben von Finanzinstituten am Markt etablieren. Das MDM müsste in diesem Falle entsprechend auch den unternehmensübergreifenden Datenaustausch berücksichtigen.

7.4 Einflussbereiche

7.4.1 Breite der Distribution
Wie in 6.1 (Seite 26) beschrieben, bezieht sich die Breite der Distribution auf die Anzahl der einbezogenen Geschäftsbereiche. Die Anzahl der einbezogenen Bereiche steht in direktem Zusammenhang mit der Komplexität und der Kostenentwicklung einer MDM-Einführung.

Bei der Umsetzung sollte auch bei Finanzinstituten die in 266.1 beschriebene Vorgehensweise der Einführung (Bereiche – Betriebe – gesamtes Unternehmen) angestrebt werden. Dadurch wird bei Betrachtung von Kosten, Zeit und Komplexität eine optimale Umsetzung ermöglicht. Mit der geringeren Komplexität der schrittweisen Einführung verringert sich auch die Gefahr von Störungen im Geschäftsablauf. Dies ist bei Finanzinstituten vor dem Hintergrund der Kapitalanforderungen, der Aufsicht und auch der Bedeutung der Finanzwirtschaft für die Realwirtschaft von besonderer Bedeutung. Sollten durch die Umstellungen schwerwiegende Probleme im Geschäftsablauf auftreten, kann dies nicht nur zu Problemen beim Institut selbst führen sondern auch für seine Kunden, die finanziell und wirtschaftlich von den Finanzdienstleistungen ihres Instituts abhängig sind.

7.4.2 Art der Nutzung
Aus Sicht des MDM ist die Nutzung als prozessorientiertes MDM die Ideallösung. Es wird eine einheitliche Anwendung des MDM über alle Prozesse und die gesamte Systemlandschaft errichtet. So sollte es auch bei Finanzinstituten sein. In der Praxis umsetzbar ist die prozessorientierte Lösung in Reinkultur aber nur selten. Für eine rein prozessorientierte MDM-Lösung sind enorme Anstrengungen des Instituts nötig. Außerdem ist in der Folge viel Disziplin der Beteiligten erforderlich, um die reine Prozessorientierung zu erhalten und nicht bei der Weiterentwicklung aus zeitlichen oder Kostengründen von den definierten Prozessen abzuweichen.

Die Systemlandschaft in Finanzinstituten ist häufig historisch gewachsen und wurde in der Regel zwischendurch nicht grundlegend erneuert. Insbesondere durch regulatorische Anforderungen entstehen immer wieder kleinere, hauseigene Lösungen, die in das vorhandene Geflecht von Systemen integriert werden. Dabei kommt es auch vor, dass die neuen Systeme nicht an die vorhandenen Datenquellen angeschlossen werden, sondern sich einen eigenen Datenbestand aufbauen. Dies führt zu dezentralisierter und redundanter Datenhaltung, die eigentlich durch den Einsatz von MDM beseitigt werden kann.

Bedingt ist diese fragmentierte Systemlandschaft zum einen durch den Unwillen der Institute, vorhandene Systeme bei neuen Anforderungen weniger komplex und effektiv zu erweitern. Dies ist durch die unmittelbaren Kosten häufig teurer und dauert darüber hinaus aufgrund von vorhandenen Zuständigkeiten und hohem Abstimmungsbedarf auch länger.

Oft ist dies aber auch die einzige Möglichkeit, weil zeitnah keine Angebote an entsprechenden Lösungen auf dem Markt sind.

Jedoch haben sich in den letzten Jahren verschiedene Spezialinstitute herausgebildet, die entsprechende Software- und Prozesslösungen für andere Banken anbieten und somit das Problem des geringen Angebots beheben können.

Wenn sich ein Institut dazu entschieden hat, ein MDM zu implementieren, wird aufgrund der fragmentierten Systemlandschaft oft mit dem funktionsorientierten MDM begonnen, da die Systeme bereits mit Schnittstellen verbunden sind um den nötigen Datenaustausch zu ermöglichen. Es erfolgen also keine großen Änderungen an der Systemlandschaft.

Durch den Einsatz des datenorientierten MDM erfolgt meist eine Verschlankung der IT-Systeme, das heißt, die Anzahl der im Einsatz befindlichen Repositories wird reduziert und die Struktur der restlichen optimiert.

Viele Finanzinstitute, vor allem größere, versuchen die Anzahl ihrer Systeme zu reduzieren, indem sie versuchen, ein Kernbanksystem zu implementieren. Da ein Kernbanksystem das Ziel verfolgt, möglichst viele Daten einheitlich und zentral zu verwalten, um sie den Anwendern anzubieten, kann man es durchaus als Einführung eines MDM bezeichnen, auch wenn das MDM als solches den Nutzern wahrscheinlich nicht immer bewusst ist. Durch die tiefgreifenden Einschnitte in die Systemlandschaft sowohl auf Seiten der Fachabteilung als auch im IT-Bereich sollen durch ein Kernbanksystem die Ziele eines prozessorientierten MDM erreicht werden.

Wir können feststellen, dass der Grundgedanke eines MDM durchaus bereits in den Finanzinstituten angekommen ist.

7.4.3 Domänen

Die drei in 6.3 (Seite 30) beschriebenen Domänen Personen, Orte und Produkte finden natürlich auch bei Finanzinstituten ihren Platz und je nach Geschäftsmodell steht eine von ihnen im Fokus.

Bei Direktbanken steht der „Ort" im Zentrum der Überlegung, da diese eindeutig eine Kostenführerschaft anstreben. Durch ihr nicht vorhandenes Filialnetz und die Auslagerung aller standardisierbaren Vorgänge versuchen sie, die „Orte" zu finden, an denen sie am günstigsten „fertigen" können. Dies geschieht entweder durch vollständige oder weitgehende Automatisierung, wie es beispielsweise der Kreditprozess von EasyCredit darstellt, oder durch Auslagerung an Spezialinstitute, wie es die Netbank als Extrembeispiel[112] macht. Die Wertpapierabwicklung kann zum Beispiel von HSBC-Trinkaus oder der dwpbank übernommen werden, der Zahlungsverkehr von der Postbank. Außerdem suchen sie „Orte" mit den günstigsten Vertriebsmöglichkeiten. Dies ist in erster Linie die eigene Internetseite. Es können aber auch Vergleichsportale oder Finanzvermittler sein.

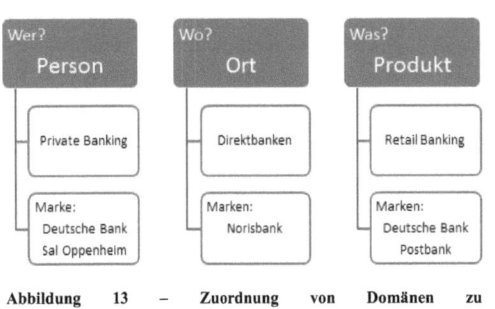

Im klassischen Private Banking wird dagegen die „Person" die wichtigste Domäne sein, da vermögenden Kunden einen hohen Anspruch an das Finanzinstitut stellen und eine sehr individualisierte, personengebundene Beratung verlangen.

Abbildung 13 – Zuordnung von Domänen zu Privatkundensegmenten und Marken der Deutschen Bank

Das Retail Banking ist hingegen von einer hohen Standardisierung der Produkte geprägt. Es steht die Domäne „Produkt" im Zentrum, da es in der Hauptsache darum geht Finanzprodukte als Massenware zu verkaufen.

Die oben gezeigte Zuteilung der Domänen zu einem Geschäftsbereich im Privatkundengeschäft verschmelzen bei den großen Universalbanken. Bei der Deutschen Bank werden alle drei Domänen grundsätzlich gleichberechtigt nebeneinander stehen, da sie in allen Bereichen aktiv ist. Eine Gewichtung könnte in Abhängigkeit der Bedeutung einzelner Geschäftsbereiche für die Bank erfolgen.

7.4.4 Art der Datenhaltung

Wie in 7.4.2 beschrieben, ist die Systemlandschaft in vielen Banken historisch gewachsen. Durch neue Systeme sind dabei immer wieder redundante Strukturen entstanden, daher ist häufig auch eine dezentrale und unstrukturierte Datenhaltung anzutreffen.

Der in 6.4.3 (Seite 31) geschilderte Trend zur zentralen Datenhaltung gilt, wegen der bereits beschriebenen Zielen, auch für Finanzinstitute. Unter dem Gesichtspunkt der Kostenreduzierung, aber auch wegen der Reduzierung der Komplexität der Systemlandschaft, ist es sehr attraktiv, diverse Systeme und damit auch deren Datenhaltung zusammenzuführen. Bei Finanzinstituten ist es aber aus regulatorischen Gründen nicht immer möglich, alle Daten zentral zu halten. Zwischen einigen Bereichen müssen „Chinese Walls" existieren, um etwa

---

[112] Bei der Netbank arbeiten nur etwa 15 Mitarbeiter, da fast alles ausgelagert wurde.

Insiderhandel oder Frontrunning[113] im Kapitalmarktbereich oder Absprachen bei der Kreditvergabe[114] zu unterbinden.

7.4.5 Aktualität der Stammdaten

In Finanzinstituten ist die Definition von aktuellen Stammdaten je nach Geschäftsbereich unterschiedlich. Die Zeitspanne der Aktualität von Stammdatenwerten[115] reicht dabei von Realtime, stündlich über monatlich bis jährlich.

Bei den meisten Steuermerkmalen, die zu den Stammdaten gezählt werden können, wie etwa die Steuerklasse oder die Steuer-ID, reicht eine jährliche Aktualisierung. Sie werden für die Jahressteuerbescheinigung benötigt. Es gibt aber auch Steuermerkmale - wie den beim Institut hinterlegten Steuerfreibetrag - die häufiger aktualisiert werden müssen. Der Steuerfreibetrag wird nicht nur für die Jahressteuererklärung benötigt, sondern jedes Mal abgefragt und aktualisiert wenn der Kunde einen Kapitalertrag generiert, der vom restlichen Steuerfreibetrag abhängig ist, damit erkannt wird, ob dem Kunden Steuern belastet werden müssen.

---

[113] Frontrunning – Ein Händler nutzt sein nicht öffentliches Wissen, um ein Wertpapier vor seinen Kunden zu seinem Vorteil zu handeln.

[114] Für eine objektive Entscheidung über die Kreditvergabe müssen der Kreditverkäufer (Berater) und der Entscheider (Mitarbeiter in der Marktfolge) voneinander unabhängige Personen sein.

[115] Ein Stammdatenwert ist beispielsweise „Siemens AG" für das Attribut Firma.

8 Zusammenfassung und Fazit

Zunächst wurde am Beispiel von Wertpapierstammdaten gezeigt, was Stammdaten sind und wie sie von anderen Datenarten abgegrenzt werden. Danach wurden die Ziele eines MDM (Effizienz, Compliance, Flexibilität und Effektivität) erläutert und wie sich diese für Finanzinstitute darstellen, bzw. welche Bedeutung sie für Finanzinstitute haben. Wir konnten dabei feststellen, dass insbesondere die Compliance und die Effizienz eine große Bedeutung in Finanzinstituten haben.

Nach der Einordnung des MDM in die Systemlandschaft wurde ein Ordnungsrahmen – mit Hilfe des „Business Engineering" Ansatzes – entwickelt, der die wichtigsten Ebenen und Bereiche beleuchtet, die bei der Einführung und der Nutzung zu beachten sind. Die drei im „Business Engineering" Ansatz dargestellten Ebenen wurden dabei um die Ebene „Daten" erweitert, damit der Bedeutung der Daten auf allen Ebenen Rechnung getragen werden konnte.

Aus dem Ordnungsrahmen konnten dabei Anforderungen an das MDM, die Datenqualität und die handelnden Personen abgeleitet werden. Darüber hinaus konnte herausgearbeitet werden, dass die durch das MDM eingeführten Prozesse die Qualität der Daten steigern und erhalten. Um den Beitrag des MDM zur Wertschöpfung messen zu können, müssen - im Zuge der MDM-Einführung - Kennzahlen etabliert werden. Wie erläutert wurde, dürfen sich diese aber nicht ausschließlich an Erlösen oder Kosten orientieren.

Um die Komplexität und den Aufwand einer MDM-Einführung einschätzen zu können wurden im sechsten Abschnitt verschiedene Einflussfaktoren beschrieben. Dabei konnte dargelegt werden, dass mehrere Faktoren - etwa die Art der Datenhaltung oder die Anzahl der einbezogenen Bereiche - die Komplexität und den Aufwand entscheidend beeinflussen können.

Abschließend wurden die gewonnenen Erkenntnisse in Bezug auf Stammdaten, die Ziele und die Einflussfaktoren angewendet. Dafür wurde zunächst die Stammdatenstruktur in Finanzinstituten besprochen und auszugsweise mit einer Struktur aus der Industrie verglichen. Anschließend wurde anhand von verschiedenen Beispielen dargestellt, dass die Compliance und die Effizienz eine große Bedeutung für Finanzinstitute haben, und welche Besonderheiten Finanzinstitute bei den Einflussbereichen erwarten können.

Als Endergebnis kann festgehalten werden, dass ein MDM auch in Finanzinstituten bedeutenden Einfluss haben und einen nennenswerten Beitrag zur Wertschöpfung leisten kann. Durch die steigende Zahl an Instituten, die sich auf die Durchführung von bestimmten Finanzdienstleistungen spezialisieren, und die Idee von Kernbanksystemen – die heute schon recht verbreitet ist – können wir festhalten, dass der Grundgedanke von Master Data Management auch in den Finanzinstituten angekommen ist und sich größer werdender Beliebtheit erfreut. Wir haben exemplarisch dargestellt, dass das MDM auch in Finanzinstituten ein interessantes und spannendes Feld bleibt und einen Beitrag zur Wertschöpfung leisten kann.

Glossar

handelnde Personen	- Natürliche Personen und Systeme die mit dem MDM kommunizieren
innerbetrieblich	- Bezieht sich auf eine juristische Person (z.B. GmbH)
Taxonomie	- Hierarchische Klassifizierung von Objekten
unternehmensweit	- Schließt alle juristischen Personen eines Unternehmens ein bzw. umfasst eine wirtschaftlich selbstständige Einheit
unternehmensübergreifend	- Umfasst mehr als eine wirtschaftlich unabhängige Einheit

Literaturverzeichnis

Apel, D., et al. 2010. *Datenqualität erfolgreich steuern: Praxislösungen für Business-Intelligence-Projekte.* 2. Aufl. München : Hanser Verlag, 2010.

Batini, C. and Scannapieco, M. 2006. *Data Quality: Concepts, Methodologies and Techniques.* Berlin : Springer, 2006.

Becker, J. und Meise, V. 2002. Strategie und Ordnungsrahmen. [Hrsg.] J. Becker, M. Kugeler und M. Rosemann. *Prozessmanagement. Ein Leitfaden zur prozessorientierten Organisationsgestaltung.* 3. Aufl. Berlin : Springer, 2002, S. 3-15.

Berson, A. and Dubov, L. 2007. *Master Data Management and customer data integration for a global enterprise.* s.l. : McGraw-Hill, 2007.

Berson, A. and Dubov, L. 2011. *Master Data Management and Data Governance.* 2nd ed. s.l. : McGrow-Hill, 2011. 2nd edition.

Bitterer, A. and Newman, D. 2007. *Organizing for Data Quality.* Stamford : Gatner, 2007.

Deutsche Börse. 2013. Deutsche Börse Market Data. [Online] 2013. http://deutsche-boerse.com/mda/dispatch/de/kir/gdb_navigation/mda. Besuch 10.2013

DGIQ. 2007. [Online] 2007. http://88.198.68.171:8080/confluence/display/homepage/Home. Besuch 10.2013

Duff, A. 2005. *Master Data Management Roles: Their Part in Data Quality Implementation.* Boston : s.n., 2005. International Conference on Information Quality.

Dyché, J. and Levy, E. 2006. *Customer Data Integration.* Hoboken : John Wiley & Sons, 2006.

Gaitanides, M. 2007. *Prozessorganisation: Entwicklung, Ansätze und Programme des Managements von Geschäftsprozessen.* 2. Aufl. München : Vahlen, 2007.

Gleich, R. 2001. *Das System des Performance Measurement: Theoretisches Grundkonzept, Entwicklungs- und Anwendungsstand.* München : Vahlen, 2001.

Grossmann, M. und Koschek, H. 2005. *Unternehmensportale: Grundlagen, Architekturen, Technologien.* Berlin : Springer, 2005.

Hess, T. 1996. *Entwurf betrieblicher Prozesse: Grundlagen, Bestehende Methoden, Neue Ansätze.* Wiesbaden : Gabler, 1996.

Heutschi, R., et al. 2004. WebService-Technologien als Enabler des Real-time Business. [Hrsg.] R. Alt und H. Österle. *Real-time Business: Lösungen, Bausteine und Potentiale des Business Networking.* Berlin : Springer, 2004, S. 133-155.

Hungenberg, H. 1995. *Zentralisation und Dezentralisation: strategische Entscheidungsverteilung in Konzernen.* Wiesbaden : Gabler, 1995.

IBM, et al. 2008. *Enterprise Master Data Management. An SOA Approach to managing core information.* s.l. : IBM Press, 2008. Dreibelbis, A; Hechler, E; Milman, I; Oberhofer, M; Van Run, P; Wolfson, D.

Klingebiel, N. 1999. *Performance Measurement: Grundlagen - Ansätze - Fallstudien.* Wiesbaden : Gabler, 1999.

Legner, C. und Otto, B. 2007. Stammdatenmanagement. *WISU - Das Wirtschaftsstudium.* 2007, S. 236.

Loser, C., Legner, C. und Gizanis, D. 2004. Master Data Management for Collaborative. [Hrsg.] C. Jian. *International Conference on Service Systems and Service Management.* Beijing : Research Center for Contemporary Management, Tsinghua University, 2004.

Loshin, D. 2009. *Master Data Management.* s.l. : MK Morgan Kaufmann, 2009.

Mantel, S., Schissler, M. und Zeller, T. 2004. Überbetriebliche Integration von Anwendungssystemen: Klassifikation von Integrationsproblemen und Lösungen. *Überbetriebliche Integration von Anwendungssystemen.* Aachen : Shaker, 2004, S. 1-20. FORWIN-Tagung 2004.

Meise, V. 2001. *Ordnungsrahmen zur prozessorientierten Organisationsgestaltung: Modelle für das Management komplexer Reorganisationsprojekte.* Hamburg : Verlag Dr. Kovac, 2001.

Möller, K. und Törrönen, P. 2003. *Business Suppliers value creation potential - a capability based analysis.* s.l. : Industrial Marketing Management, 2003.

Müller-Stewens, G. und Lechner, C. 2005. *Strategisches Management - Wie strategische Initiativen zum Wandel führen.* 3. Aufl. Stuttgart : Schäffer Poeschel, 2005.

Oestereich, B. 1998. *Objektorientierte Softwareentwicklung, Analyse und Design mit der Unified Modeling Language.* München : Oldenburg Verlag, 1998.

Oestereich, B, et al. 2003. *Objektorientierte Geschäftsprozessmodellierung mit UML.* Heidelberg : dpunkt.verlag, 2003.

Österle, H. und Winter. 2003. 2003.

Österle, H. 1995. *Business Engineering Prozess- und Systementwicklung.* 2. Aufl. Heidelberg/Berlin : Springer-Verlag, 1995. Bd. 1: Entwurfstechniken.

Österle, H. 2002. Geschäftsmodell des Informationszeitalters. [Hrsg.] H. Österle, E. Fleisch und R. Alt. *Business Networking in der Praxis.* Berlin : Springer, 2002, S. 17-38.

Otto, B. 2009. *Funktionsarchitektur für unternehmensweites Stammdatenmanagement.* Institut für Wirtschaftsinformatik. St. Gallen : s.n., 2009. BE HSG/CC CDQ/14.

Pohland, S. 2000. *Globale Unternehmensarchitekturen: Methode zur Verteilung von Informationssystemen.* Berlin : Weissensee Verlag, 2000.

Porter, M. E. 1980. *Competitive Strategy: Techniques for analyzing industries and competitors: with a new introduction.* New York : The Free Press, 1980.

Porter, M. E. 1999. *Wettbewerbsvorteile.* 10. Frankfurt am Main : Campus Verlag, 1999.

Price Waterhouse Coopers. 2011. *Verborgene Schätze.* s.l. : Price Waterhouse Coopers, 2011.

Radcliffe, J. und Swanton, B. 2011. *Gartner Master Data Management Summit 2011, AP2 Gartner Keynote: The MDM Scenario: Creating Business Value with MDM - Today and Tomorrow.* London : s.n., 2011.

Schemm, J. W. 2009. *Zwischenbetriebliches Stammdatenmanagement.* Heidelberg/Berlin : Springer-Verlag, 2009.

Scheuch, R., Gansor, T. und Ziller, C. 2012. *Master Data Management - Strategie, Organisation, Architektur.* Heidelberg : dpunkt Verlag, 2012.

Schmelzer, H. und Sesselmann, W. 2010. *Geschäftsprozessmanagement in der Praxis.* 7. überarbeitete und erweiterte Aufl. München : Hanser Verlag, 2010.

Schmidt, A. 2010. *Entwicklung einer Methode zur Stammdatenintegration.* Berlin : Logos Verlag, 2010.

Stähler, D., et al. 2009. *Enterprise Architecture, BPM und SOA für Business-Analysten.* München : Hander Verlag, 2009.

Stammdatenmanagement: Datenqualität für Geschäftsprozesse. **Otto, B., et al. 2011.** [Hrsg.] B. Otto, Weisbecker Hildebrand. s.l. : dpunkt Verlag, Juni 2011, HMD Praxis der Wirtschaft, Bd. 279, S. 5-15.

vom Broke, J. 2003. *Referenzmodellierung: Gestaltung und Verteilung von Konstruktionsprozessen.* Berlin : Logos, 2003.

Weiss. 2010. Vergleich Stammdatenmanagement in den Unternehmen. *2. Jahrestagung Datenqualitäts- und Datenintegrationsmanagement 2010.* [Vortrag]. Köln : FZI Forschungszentrum Informatik, 14. 09 2010.

WM Datenservice. 2013. [Online] 2013. https://www.wmdaten.de/index.php?mid=162. Besuch 11.2013